세상의
모든
경제

세상의 모든 경제

1판 1쇄 발행 | 2025년 9월 25일

지 은 이 | 윤석범
편집고문 | 김학민
펴 낸 이 | 양기원
펴 낸 곳 | 학민사
출판등록 | 제10-142호, 1978년 3월 22일
주   소 | 서울시 마포구 토정로 222 한국출판콘텐츠센터 314호(☏ 04091)
전   화 | 02-3143-3326~7
팩   스 | 02-3143-3328
홈페이지 | www.hakminsa.co.kr
이 메 일 | hakminsa@hakminsa.co.kr

ISBN 978-89-7193-273-5 (03320), Printed in Korea
ⓒ 윤석범, 2025

· 저자와 출판사의 허락없이 내용의 일부를 인용하거나 발췌하는 것을 금합니다.
· 잘못 만들어진 책은 구입하신 서점에서 바꿔드립니다.
· 책값은 표지 뒷면에 있습니다.

세상의 모든 경제

All that Economics

글 • **윤석범** 연세대 명예교수

학민사
Hakmin Publishers

책을 펴내며

이 책은 학문적인 목표나 엄밀한 체계를 갖춰 집필된 글이 아니다. 일상 속 경제 현상을 우리가 평소에 사용하는 말로 어떻게 하면 쉽게 설명할 수 있을까 하는 고민 끝에, 자연스럽게 붓 가는 대로 써 내려간 글이다.

일반적으로 '경제학'이라 하면, 복잡한 수식과 기호를 활용한 고차원적인 이론 체계를 떠올리기 쉽다. 물론 우리가 매일 겪는 삶의 문제들을 정교한 논리로 설명할 수는 있겠지만, 이를 평범한 언어로 풀어내는 것 역시 또 하나의 경제학적 접근 방식이 될 수 있을 것이다. 이러한 생각을 바탕으로, 가능한 한 우리의 일상 언어를 활용해 경제를 설명하려는 데 이 책에 중점을 두었다.

많은 학문이 고차원적인 언어를 바탕으로 연구되고 발전해 왔으며, 경제학 또한 점점 더 복잡하고 난해한 논리 속에서 진화해 왔다. 이 책은 이러한 경향과는 달리, 가능한 한 일상적인 언어를 통해 경제 현상을 설명하고자 노력하였다. 이러한 점에서 이 책은 학술적이거나 이론적인 저술이라기보다는, 누구나 관심만 있다면 쉽게 읽어 경제를 우리가 매일 겪는 '먹고사는 이야기'로 이해할 수 있도록 쓰인 글이다.

경제학 공부를 시작한 지 반세기가 훌쩍 넘은 저자는, 그동안 고차원의 수학적 논리를 바탕으로 인간의 '먹고사는' 문제를 탐구해 왔다. 그러나 시간이 흐를수록, 과연 이러한 고차원적인 논리가 우리의 실제 경제생활을 피부에 와 닿도록 설명할 수 있는지, 회의하게 되었다. 심하게 말하면, 이러한 이론적 접근은 현실을 이해시키기보다는 오히려 지적인 유희에 그치는 것은 아닐까, 하는 비관적인 결론에 도달하기도 했다.

물론 이와 같은 이론 중심의 접근 방식도 학문 발전을 위해서는 필수적이나, 경제학이 가장 세속적인 학문인만큼 그것을 보통 사람들에게 알기 쉽게 전달하는 데에는 분명 한계가 존재한다. 따라서 이 책은 다소 산만하게 보일 수도 있겠으나, 누구나 편하게 펼쳐보고 쉽게 읽을 수 있는 '쉬운 경제학'이 되어야 한다는 뜻을 담았다.

이런 글들을 왜 군이 써야 하느냐는 비판도 있을 수 있겠지만, 초심자들이 경제학을 좀 더 쉽게 이해하는 데 작은 도움이라도 되기를 바라는 마음에서 출발한 시도로, 그 시도와 바람이 조금이라도 그들에게 가 닿을 수 있다면 기쁠 것이다.

2025년 6월 윤 석 범

CONTENTS

책을 펴내며_4

🥄 모든 것은 자연으로부터

경제 – 자연을 거두어들이는 데서 출발하다_13
노동이 줄어들자 욕구는 늘어_15
우등 상품, 열등 상품_17
미국 농산물 원조의 마술_20
'설탕공화국' 쿠바가 걸어온 길_22
내 것은 누구도 손대지 못해_25

🦆 구이가 된 거위

왜 영국의 농민 봉기가 체코의 종교전쟁으로?_29
자본주의의 탄생_31
사람, 상품, 돈 – 모두를 사고 모두를 팔 수 있다_35

👢 사람 시장

사람의 값은 어떻게 정해지나?_39
부르주아지와 프롤레타리아_41
노동운동의 탄압 – 그냥 잠자코 일만 해!_43

🫘 상품 시장

헬멧, 젖소, 파리의 경제학_49
생산물의 독점과 과점_51

💰 돈 시장

금과 은은 최상의 돈_53
금과 은의 퇴장, 이제 '종이'가 돈이다_56
사기꾼들의 표적이 된 '금본위 종이돈'_58
중앙은행은 돈의 도매상, 시중은행은 돈의 소매상_61
가깝지도 멀지도 않아야 할 당신 - 정부와 중앙은행_63
화폐는 사라지고 숫자만 남아_67

💣 성경, 대포, 그리고 제국주의

돈은 있지만, 품격이나 교양이 없는 사람들_69
악조건을 기회로 금융업을 장악한 유대인_71
왼손에 성경, 바른손에 총으로 무장한 자본주의_75
오스트로 - 헝가리 황제의 동생 막시밀리안이 멕시코 황제로_78
아프리카에 이어 아시아에 뻗친 제국주의_80

💎 우울한 학문, 경제학

모두가 사람이 하기 나름_83
작은 나라가 사는 길 : 스위스와 네팔_85
독일파견 광부·간호사, 월남파병 군인의 외화벌이_89

💰 외자 – 경제도 일으키고 정치인 주머니도 채우고

외국에서 꿔오는 돈 '빙땅' 뜯기_93
바나나 공화국 온두라스_96
중미 나라의 대통령은 미국 마음대로_100

% 공산주의 경제의 작동 원리

볼셰비키 러시아의 탄생_103
피의 일요일_106
소련식 국가체제에서 일어나던 풍경_109
계획경제 하의 국영 농장과 집단 농장_113
국가 독점 생산과 분배의 비효율_115

💎 물과 다이아몬드의 경제학

지대(地代)는 생산 참여 없는 불로소득_121
쓸모가 많지 않은 다이아몬드가 비싼 이유_123
시장가격은 사용가치와 교환가치의 균형점_126
신흥자본가의 '과시적 소비'_130
'초정약수'에 완전경쟁은 없다!_132

💧 '수탉 꼬리'와 '목숨의 물'

절대우위 생산물과 비교우위 생산물_137
귀금속 – 최초의 공동 화폐_140
영국의 술 수지 적자_141
바나나는 안 되고 석유는 펑펑_146
유럽의 '3대 사기 관광 상품'_148
미국이 쥐락펴락한 국제무역 질서_151

🍶 술로 보는 유럽 경제

음주로 보는 유럽의 경제와 사회_155
럼(Rum)주와 임금의 순환경제_159
럼 자본주의, 럼 사회주의_162
브랜디를 둘러 싼 식민모국과 식민지의 갈등_164

💲 딱딱한 돈, 무른 돈

구실 못하는 돈은 휴지로도 못 써_169
서로 비등비등해야 나라 사이도 돈 바꿔줘_171

🧮 경제성장의 '숫자 놀음'

선진국이 된 한국 – 반은 맞고 반은 틀리다_177
모순 – 국민소득과 국민의 삶의 질_179
'맥도날드 햄버거'로 추계한 국민소득_182

⚛ 지하경제와 부패

지하경제와 조직범죄_185
아무도 모르는 지하경제 규모_187
이탈리아의 '마피아 경제'_189
공무원의 부패는 국민의 부패로 이어진다_192
공무원이 공익보다 사리사욕 앞서면_194
부패와 지하경제의 역사성_197

⚙ 시장의 실패

'자유방임주의'는 자본주의의 원동력_201
'보이지 않는 손'과 '보이는 손'_203

개같이 벌어서 정승같이 써라_206
시장에 맡길 수 없는 문화 예술 투자_211
조지아 공화국과 아라라트산_213
왜 사촌이 땅을 사면 내 배가 아픈가?_215

🎯 가난과 나눔

경제학은 가난을 연구하는 우울한 학문_219
가난은 당사자는 물론 사회도 불편_221
뱁새가 황새 따라가는 소비_224
모두가 가난하면 평화로운 세상_227
소득분포 균등이 국가의 정책 목표_229
다민족국가의 딜레마_231

💵 나라 살림

조세 – 반대급부 없는 국가의 도둑질_235
조공 – 국가와 국가 사이의 세금_238
직접세와 간접세_240
조세 저항은 국가 반란의 시원_242
물가상승은 나라 멸망의 전조_244

맺는말_248
주석 및 용어 풀이_251

모든 것은 자연으로부터

경제 – 자연을 거두어들이는 데서 출발하다

우리가 살아가는데 필요한 모든 것은 자연에서 온다. 우리가 먹는 곡식, 채소, 과일, 고기, 생선 등은 모두 자연의 산물이다. 먹는 것뿐만 아니다. 우리가 입고 있는 옷도 모두 자연으로부터 왔다. 무명, 비단, 모직, 가죽, 삼베 등은 모두 자연의 산물이다. 우리가 살고있는 집도 모두 자연의 산물이다. 담이나 방바닥을 만든 흙, 대들보, 기둥 같은 집의 골격도, 그리고 지붕을 덮었던 볏짚이나 갈대도 모두 자연이 제공해 주었다.

인류 역사에서 가장 먼저 등장한 것이 바로 이러한 산물들을 받아 누릴 수 있게 한 거두어들이는 행동, 곧 채취산업extract industry이 원초적인 경제 활동이었다. 유목민으로 산이나 들에서 곡식과 열매를 따 내었거나, 사냥으로 짐승을 잡아 고기는 먹고, 가죽이나 털은 옷이나 신발로 이용했을 때부터 시작해, 이러한 곡식이나 열매를 집 주변에서 기르고 키우면서 살았거나, 또는 짐승을 가축으로 순화시켜 먹거리로 만들었거나, 어떤 상태든 인간은 거두어들이는 행동으로부터 기본적으로 경제생활을 시작하였다.

그래서 이러한 행동, 곧 자연에서 거두어들이는 산업을 경제학에서는 제1차 산업primary industry이라 이름 붙이게 되었다. 우리가 흔히 드는 '농자천하지대본'農者天下之大本이라는 말도 이렇게 해서 생긴 것이다.

인류가 반복해서 거두어들이는 산업으로부터 먹거리, 입을 거리, 사는 집을 얻게 되자, 그 활동에서 효율성이 높아지게 되었다. 곧 생산성이 높아지게 된 것이다. 생산성이 높아지면 일정량의 산물을 생산하는데 들어가는 노동력의 양은 줄어들게 마련이다. 더욱이 산야山野를 헤매면서 거두어들인, 곧 사냥으로 얻은 산물들을 가축으로 키우거나, 채집으로 얻은 식물을 집 근처 밭에서 재배하게 되면 필요노동량은 대폭 줄어들 수 있다.

그렇게 부족이 먹고사는데 충분한 먹거리가 적은 양의 노동력으로 가능하게 되면, 노동력이 여유를 갖는다. 그러면 우선 먹거리, 입을 거리에 대한 가공의 정도가 더욱 정교하게 될 수밖에 없다. 생식生食하거나, 간단하게 가공하여 섭취하던 먹거리를 먹기 좋고 보기 좋게 가공될 수 있는 잉여 노동력이 생기는 것이다. 곡식을 가루로 빻아

국수도 만들고 떡도 빚는다. 또 고기를 소금에 절여 육포를 만들어 저장식량이 되면 이는 더 긴 시간에 걸쳐 보존, 소비할 수 있게 된다. 남는 곡식이나 과일을 발효시켜 술을 만들 수도 있다.

노동이 줄어들자 욕구는 늘어

생존에 필요한 먹거리가 확보되면 인구가 대폭 늘지 않는 한 더 이상의 수요는 발생하지 않는다. 기본적인 식량인 곡식, 소금과 같은 산물들은 많이 생산된다고 해도 세 끼 먹던 것을 네 끼 먹을 수는 없다. 물론 로마 시대는 먹은 것을 토해가면서 미식美食을 즐겼다고 하지만, 여기에도 한계가 있게 마련이다.

이렇게 남게 되는 노동력은 어디로 갈까? 우선 입을 거리와 집을 짓는 데로 가게 된다. 짐승의 가죽을 거의 원래 상태로 뒤집어쓰고 살던 원시인들은, 이 가죽을 좀 더 편리하게 쓸 수 있도록 가공한다. 아메리카 대륙의 원주민들은 들판에 떼 지어 사는 들소들을 꼭 필요한 만큼만 잡아서 고기로 발라 먹거나 육포를 만들어 저장하였고, 뿔과 뼈는 갈아서 바늘이나 화살촉을 만들었으며, 심줄은 실이나 끈으로 쓰고, 똥은 땔감으로 이용했다. 가죽으로는 옷과 신발, 또는 천막과 같은 티피teepee를 만들었다.

노동력이 남으면서 상대적으로 힘이 덜 드는 일은 여자들에게 맡겨져, 가죽은 여자들이 입으로 씹어 기름을 제거하고 바느질해서 옷과 신발을 만들었다. 아메리카 원주민 여자들의 앞니가 나이 스물이 넘을 때면 닳아 짧아지는 것도 이러한 이유다. 이러한 상황에서는 여자들의 생산성이 높을 수밖에 없다. 남자들이 활이나 창으로 잡아 놓은 짐승을 칼로 자르고, 껍질을 벗기고, 뼈를 골라내 바늘을 만드는 등의 일은 손놀림이 좋은 여자들의 몫이 되었고, 그에 따라 여자들의 사회적 지위가 남자보다 더 높아지게 되었다.

더욱이 군혼제群婚制, group marriage, communal marriage사회에서는 어머니의 식별은 언제나 가능하나, 아버지의 식별은 쉽지 않았다. 그리고 대우혼제對偶婚制, pairwise marriage 아래서는 아버지의 식별이 언제나 가능하다. 그와 달리 아버지의 식별이 어려운 사회제도 아래서는 모든 가족이 어머니가 중심인 모계사회로 형성되기 때문에 경제적인 관행이나 제도도 여기에 맞추어질 수밖에 없다.

능력 있는 사람들이 함께 일해 산물을 생산하고, 남자들에 있어 부족의 아이들이 모두 자기의 아들일 가능성이 있을 때는 부족 전체가 커다란 가족이 될 수밖에 없고, 생산 현장인 산과 들은 부족 모두의 소유일 수밖에 없다. 여기서 원시공산사회原始共産社會, primitive communal society의 공유제 또는 집단 소유제가 등장하게 된다. 따라서 인류 경제에서의 최초의 소유제도는 '집단소유 공유제'였다. 모두 우리 땅이고, 우리 산이고, 우리의 들이며, 그곳에서 함께 생산한 먹거리, 입을 거리, 집들은 내 것 네 것이 없이 모두 '우리 것'이 된다.

인류 경제는 이렇게 시작되었다. 최근까지 아메리카 대륙, 태평양의 여러 군도, 아프리카 오지에서 발견된 공유제는 이러한 원시 공산 사회의 유제라고 볼 수 있다. 아프리카의 크랄Kraal이라는 공동체나, 아메리카 대륙의 푸날루아Punalua, 태평양 제도의 '남태평양식'South Pacific Way은 공유제 아래서 만장일치로 재산권 활용을 의결하는 공동체적 유산이다.

경제활동의 규모가 커지면서 인류에게 필요한 것들은, 생존에 긴요한 기초 필수품의 범위를 넘게 된다. 남는 산물을 활용할 대로 활용하다가, 그래도 남는 것들은 다른 곳에서 생산하는 산물들과 교환하는 단계로 바뀐다. 음식도 더 맛있게, 옷도 더 편하고 아름답게 만들고, 집도 더 멋있게 짓는 데 많은 품이 들어가게 된다. 이러한 과정에서 '만드는 산업' 곧 제조업manufacturing industry이 발달하게 된다.

우등 상품, 열등 상품

곡식으로는 술을 빚고, 털로는 실과 천을 짜고, 나무껍질로는 종이를 만들고, 광석은 제련하여 각종 기구를 만든다. 이렇게 만들어지는 제조업 산물은 그 수요가 끝이 없다. 밥과 음식과는 달리 옷, 자동차, 전화기, 냉장고, 세탁기 등은 많을수록 좋다. 그리고 소득이 늘어나면서 수요도 함께 늘어나거나, 소득보다 더 빨리 늘어나는 상품을 경제학에서는 우등재優等財, superior goods라고 부른다. 그리고 소득은 느는데 수요가 늘지 않거나, 오히려 줄어드는 상품을 열등재劣等財, inferior goods라고 부르는데, 소금이나 쌀과 같은 것은 필수품이기는 하지만, 열등재에 해당한다.

경제가 발전한다는 것은, 수요가 정체된 열등재 생산에서 수요가 많아지는 우등재 생산으로 경제구조가 바뀌는 것을 의미한다. 제조업의 수요에는 한계가 있다. 컴퓨터, 비행기, 무인기까지 만들다 보면 새로운 발명품이 나오기 전에 한계에 부딪히고 만다. 그래서 이보다 더 높은 차원의 상품이 수요 되기 시작한다. 서비스업이 이에 해당한다. 이때 상업, 금융, 운수 등과 같은 무형의 상품이 등장하게 된다. 여기에는 한계가 없다. 값도 무한정으로 올라갈 수 있다.

소득이 낮은 후진국에서는 치과의사의 수요가 거의 없다. 이가 아프면 집에서 뽑으면 된다. 이가 없으면 잇몸으로 산다. 소득이 낮으면 정신과 의사의 수요도 없다. 정신병 환자를 병원에 보내지 않고 방치한다. 먹고, 입고, 집이 있고 난 다음에야 치과도 방문하고, 정신과 의사도 찾아간다. 나라에 따라 다르나 대개 한 사람당 소득이 1만 불을 넘기 시작하면 치과의사를 찾아가고, 또 2만 불이 넘어가면 정신과 의사에 대한 관심이 높아진다.

1950년대 우리나라에는 치과대학이 하나밖에 없었다. 그러나 하나밖에 없는 그 치과대학을 졸업한 사람들도 취직하기가 어려웠다. 신영균, 길옥윤과 같은 유명한 연예인들이 모두 이때 치과대학을 졸업하고 치과의사가 된 사람들이었지만, 치과의사로서 보다는 연예인으로 더욱 유명해졌다. 얼마 전까지만 해도 파키스탄에는 치과의사가 없었다. 이 뽑는 일들은 길거리 행상들이 도맡아 해왔다.

박수근, 이중섭은 가난에 시달리다가 비참하게 생을 마쳤으나, 그들이 남긴 그림들은 웬만한 집값보다도 비싸다. 이는 곧 소득이 늘수록 필수품도 아닌 상품이 천정부지로 값이 올라간다는 사실을 보여주는 사례이기도 하다.

옛날 운동선수는 배가 고파 뛸 수가 없을 정도로 가난하였다. 그러나 지금의 소득이 늘고 난 세상에서는 운동선수의 몸값이 상상할 수 없이 높아졌다. 밥을 굶으면 '조수미의 노래'보다 '죽 한 그릇'이 더 급하다. 죽 수천 그릇 어치의 입장료를 내고 노래를 들으러 음악회에 가는 것은 '조수미의 노래'나 '손홍민의 축구'는 우등재라는 것을 의미한다.

노르웨이 이민자의 아들로 미국에서 태어나 유명한 경제학자가 된 베블렌Thorstein Veblen(1857~1929)은 그의 저서 『유한계급론』(1899)에서 이러한 우등재의 소비 현상을 신랄하게 비판하였다. 돈이 많아서 먹을 것, 입을 것이 넘쳐나고, 도처에 별장을 가지고 있는 놀고먹는 계급 곧 '유한계급'은, 남들과 다른 약간의 차이 때문에 몇 배의 가격을 지불하고 명품을 찾는다. 서민들이 음료수처럼 식탁에서 마시는 포도주는 외면하고, 한 병에 수백만 원 하는 포도주를 마신다. 창녀들도 고급 창녀일수록 유한계급의 과시적 소비 대상이 된다.

미국 농산물 원조의 마술

경제가 발전한다는 것은, 산업구조가 1차 산업에서 고차산업으로 그 비중이 커나가는 것을 의미한다. 이렇게 구조가 바뀌는 것은 상품의 성격이 수요구조에 맞추어 변하기 때문이다. 우리나라도 가난하던 시절에는 생산의 반 이상을 농업에 의존하고 있었다. 지금은 농업에서 생산되는 소득이 3% 전후일 정도로 바뀌어, 이른바 산업구조가 고도화하였다. 인구는 늘어났으나 쌀의 1인당 소비가 줄어드니, 쌀값이 떨어져 풍년이 들수록 농촌은 더 가난해지는 역설이 발생한 것이다.

이는 우리만의 경험이 아니다. 모든 선진국이 이러한 경험을 겪어 왔다. 20세기에 들어오면서 농업생산기술이 발달하여 곡물의 생산량이 수요 이상으로 과잉되자 시장에서의 곡물 가격이 폭락하고, 농민들은 소득이 줄어들어 살기가 힘들어졌다.

인구비례와 상관없이 상원의원을 뽑는 미국에서는 인구가 몇십분의 1밖에 안 되는 몬태나주나, 거기보다 인구가 수십 배가 넘는 캘리포니아주에서도 똑같이 두 명의 상원의원을 뽑는다. 이러한 이유로 2% 정도의 농민을 대변하면서도 거의 반에 가까운 숫자의 의원이 상원에서 의사결정을 하는 바람에 미국의 농업정책은 편향적으로 바뀌었다. 농민들의 소득을 보장해 주기 위해 정부가 대량으로 곡식을 매입하여준다. 해마다 쌓이는 식량은 정부가 보관료를 지불하기도 어려운 만큼 늘어났다. 급기야 미국 정부는 농산물을 바다에 버리기로 작정하였다.

예수를 잘 믿는 남부의 이른바 '성경 지대'Biblebelt 목사들이 모두 함께 목청을 높였다. "하나님이 주신 귀한 식량을 굶어 죽는 사람들도 많은 이 세상에서 그렇게 버릴 수 있느냐!"는 것이다. 미국 정부는 급기야 이렇게 남는 식량을 가장 가난한 나라인 인도, 방글라데시, 파키스탄, 그리고 대한민국에 거저 주다시피 하는 법을 만들었다. 이른바 '공법 480' Public Law 480(정식 명칭은 '농산물 교역 발전 및 지원법'[The Agricultural Trade Development and Assistance Act])이었다.

나라 밖에 나가면 누구도 받으려고 하지 않는 우리나라 돈을 받고 남아도는 식량을 주겠다는 것이니, 우리나라 입장에서는 돈만 찍어내면 그 돈으로 식량을 받을 수 있으므로 거저 얻는 것과 다를 바가 없었다. 그렇게 벌어들인 우리 돈을 미국 정부가 마음대로 쓸 수 있었지만, 그 돈을 다 풀면 우리나라 돈 가치가 급격히 떨어져 물가팽창이라는 인플레이션에 빠짐으로써 우리 경제는 엉망이 될 수밖에 없다.

그래서 미국 정부가 제안한 것이 '대충자금'對充資金, counterpart fund이다. 이 돈을 거저 돌려줄 터이니 미국이 지정하는 경제개발사업에 쓰도록 우리나라 예산에 넣으라는 것이다. 그렇게 하여 미국은 우리나라의 예산 편성에 개입하게 되었다. 또 그래도 남는 돈은 우리나라에 주둔하고 있는 미국 공무원들도 일부 쓸 수 있게 했다. 미국에서라면 자기 집에 가정부를 두기란 꿈에도 생각할 수 없었던 우리나라 주재 미국 공무원들이 모두 식모, 운전기사, 애 보는 보모까지 여러 명을 이 돈으로 고용하여 중세 시대 귀족처럼 살았다.

우리나라에서 뿐만이 아니었다. 가난한 나라에서 거주하는 미국인들은 모두 이렇게 떵떵거리고 살았다. 그 꼴이 보기가 좋지 않아 이들은 '추악한 미국인'Ugly American이라 불리게 되었다. 일부 지식인, 특히 사회주의자들은 나라의 예산편성권을 빼앗기고, 한국 전쟁 이후 국군 통수권마저 미국이 주도하는 국제연합군에 내어주고 말았으니, 우리나라는 실상 미국의 식민지나 다름없다고 주장하면서, '종속이론'이라는 새로운 경제이론에 맞추어 '반半봉건·반半식민지 경제체제'라고 명명하기에 이르렀다.

인도에서는 그러한 잉여농산물을 판 돈을 다 쓸 수가 없어 당시 인도 주재 미국대사였던 모이니헌Patric Moynihan(1927~2003)은 역사상 가장 큰 액수의 수표를 발행하여 인도 정부에 돌려준 인물이 되었다. 부작용은 여기서 그치지 않았다. 값싼 미국 농산물이 들어오면서 이와 경쟁을 할 수 없었던 우리나라의 밀 농사, 콩 농사, 목화 농사는 고사 위기에 몰려 사라졌다.

'설탕공화국' 쿠바가 걸어온 길

국민경제가 건전하게 발전하려면 산업구조가 고도화하고 다양화해야 함은 물론인데, 이는 또 역사적인 발전과정이라 할 수 있다. 한 산업에 모든 생산활동을 거의 다 맡기게 되다시피 하는 경제구조를 '단일경작적單一耕作的 산업구조'monocultural industrial structure라고 부르는데, 이는 건실한 경제구조가 되지 못한다.

1959년 카스트로Fidel Castro(1926~2016)는 쿠바에서 혁명을 성공시키면서 친미파 바티스타Fulgencio Batista(1901~73) 대통령을 몰아내고 정권을 잡았다. 바티스타는 육군 상사 출신으로 정변을 통하여 정권을 잡은 후 부하에게 뇌물을 줘 주며 정권을 유지하는가 하면, 미국 기업이 쿠바에서 소유하고 있는 설탕 산업을 보호함으로써 미국의 도움으로 정부를 지탱해 나갈 수 있었다. 이에 카스트로가 외쳤다.

"땅은 쿠바 땅, 그 위에서 일하는 사람도 쿠바 사람, 설탕 만들어 내는 공장도 쿠바에 있는데, 왜 돈은 미국이 가져가느냐?"

카스트로는 혁명에 성공하면서 미국인이 소유하고 있던 사탕수수밭과 제당시설을 국유화해 버렸다. 미국은 쿠바와 단교하게 되고, 경제의 70% 이상을 설탕에 의존하고 있었던 쿠바 경제는 설탕만 먹고, 설탕으로 옷 해 입고 살 수는 없었다. 미국에서 수요 되던 설탕은 하나도 팔리지 않았고, 미국은 '하와이-캘리포니아 제당 회사'를 만들어 이를 대체하였다.

설탕을 팔기 위해 카스트로는 소련을 찾아갔다. 소련은 설탕을 사서 공산권 위성국가에 공급할 수 있는 판매망을 구축하여, 카스트로에게 사회주의 국가가 되도록 쿠바를 바꾸라고 했다. "나는 마르크스주의자이며 레닌주의자"라고 하면서 카스트로는 쿠바를 소련의 위성

국가로 바뀌 버리고 말았다. 쿠바 경제는 사회주의 경제로 편입된 뒤 수십 년을 후퇴하면서 세계에서 가장 가난한 나라의 하나로 전락하였다. '설탕 공화국'sugar republic의 운명이었다.

내 것은 누구도 손대지 못해

수렵, 채집 및 유목 경제에서 정주 경제로 바뀌면 모두가 공동으로 소유했던 것들이 내 것, 네 것으로 분명하게 된다. 내가 잡아다가 키운 짐승, 내가 씨를 뿌려 지은 곡식 등은 모두 내 것이 된다. 혼인 형태도 군혼에서 일부다처제polygamy, 일처다부제polyandrey 등으로 바뀌면서 어머니와 아버지가 분명하게 식별되기 때문에 '우리'라는 넓은 가족의 개념은 좁아지게 되었다. 따라서 좁아진 가족 단위 안에서도 소유가 분명하여질 수밖에 없었다. 여기에서 사유재산제private property system가 등장하게 된다.

그러나 인간이라는 사회적 동물은 집단을 이루어 살아왔기 때문에 그 집단을 다스리는 정치제도가 등장할 수밖에 없었다. 오래 살아 경험이 많은 사람들이 다스리는 '장로정치'gerontocracy는 인류 생활에서 오래된 지배체제 형태였다. 그러다가 머리가 좋거나 힘이 있는 사람들이 지배하는 체제로 바뀌다가, 마침내는 백성들이 다스리는 민주주의 체제가 되었다. "힘이 권리를 만든다Might makes right"는 언설은 소유권이 힘에 의하여 결정된다는 원리라고 할 수 있다.

고대 사회의 대토지제도Latifundium나 중세 봉건제도Federalism는 힘에 의하여 소유권이 결정되는 중요한 역사적 예이다. "하늘 아래 임금의 땅이 아닌 것이 없다"普天之下莫非王土라는 구절도 바로 동양 사회에서의 소유제도가 힘에 의거해 결정되었음을 말하여 주고 있다.

미국의 경제학자 움벡John Umbeck은, 미개척지였던 아메리카 대륙 변방인 서부에서 소유권이 형성되는 과정을 역사적으로 살펴보았다. 그는 처음에는 땅을 발견하였거나 그 자리에서 터를 잡고 살아온 사람에게 소유권이 주어졌기 때문에, 이러한 사유제도가 정착 원칙settler's principle 또는 최초 원칙first principle이라고 불리게 되었다고 보았다.

그러나 그 소유권을 지켜내기 위해서는 타인에게 사유권을 빼앗기지 않게 할만한 힘이 있어야 한다고 보았다. 법은 멀고 주먹은 가까웠던 무법천지 서부에서의 사유권은 결과적으로 힘에 의해 결정되고 유지될 수밖에 없었다. 이러한 현상은 비단 미국 서부에서만 나타난 것이 아니라, 우리가 살고 있는 사회에서도, 형태는 다르지만, 끊임없이 일어나고 있다.

서양 중세사회에서는 힘이 있는 자들에 의하여 토지가 소유되고, 힘에 의하여 토지 소유가 유지되었다. 봉건사회에서는 기본적으로 '싸우는 자들'bellatores, '기도하는 자들'oratolles, '일하는 자들'laboratolles 세 계급만이 존재하였다. '싸우는 자들'에게는 정치적인 권력이 있었고, '기도하는 자들'에게는 신에게 기대는 신앙적인 권력이 있었기 때문에 토지와 노동 모두 이들이 소유할 수밖에 없었다. 대부분 인구는 일하는 농노農奴, serf로 구성되어 있었으므로, 이들은 소수였던 '싸우는 자들'과 '기도하는 자들'에 의하여 지배되었다.

1861년까지 미국의 흑인 노동자나 러시아의 농노들은 모두 사유재산 또는 공공의 재산이었다. 니콜라이 고골Nikolai Vasilievich Gogol(1809~52)의 소설 『죽은 혼』에는 러시아의 농노가 어떻게 지배계급에 의하여 사유화되었는지 흥미롭게 묘사하고 있다.

이 소설에 등장하는 사기꾼 치치코프는 지방으로 돌아다니며 죽은 농노만을 매입하였다. 당시 러시아에서는 농노가 사유재산이었으므로 매매가 가능하였을 뿐만 아니라, 소유 농노에 대해서는 재산세를 정부에 물어야 했다. 그러나 농노도 인간이기 때문에 사망하게 되고, 죽으면 10년마다 실시되는 '농노 총인구조사' 때까지도 죽은 농노의 몫으로 재산세를 납부할 수밖에 없었다. 사기꾼 치치코프는 이 점을 악용하여 죽은 농노를 싼값에 사들여서 전 소유주에게는 세금 납부를 면해 주고, 다음번 '농노 총인구조사' 때까지는 살아있는 농노로 기록된 죽은 농노를 담보로 은행에서 대출받아, 먹고 튈 계획이었다.

러시아 황제 알렉산더 2세는 1861년 농노해방령을 선포해 농노를 풀어주어 '해방 황제 알렉산더'Alexander, the Liberator라는 별칭을 얻게 되었으나, 그 20년 뒤인 1881년 암살당하고 말았다. 미국의 링컨 대통령이 1861년 노예를 풀어주고 1865년에 암살된 것도 우연의 일치라고 할 수 있을까.

구이가 된 거위

왜 영국의 농민 봉기가 체코의 종교전쟁으로?

　영국의 리처드 2세가 보헤미아의 앤 공주와 결혼한 1382년, 그해 리처드 14살, 앤 14살이었다. 열 살 때 임금이 된 리처드가 멀리 떨어진 오늘날의 체코 지역의 보헤미아에서 어린 신부를 맞이하게 되니, 보헤미아의 왕 웬스라스 4세는 여동생을 혼자 보낼 수 없어서 여러 명의 후행後行을 딸려 보냈다.

　당시 프라하 소재 카렐대학은 유럽에서 독일어로 강의하는 가장 오래된 학교였고, 이 대학에는 수많은 학자가 모여 있었다. 앤 공주의 후행으로 따라갔던 사람들 가운데는 이 대학의 학자들도 끼어 있었다. 이렇게 영국을 방문하게 된 학자들은 자연스럽게 케임브리지 대학의

학자들과 교류하게 되면서, 당시로는 선진 학문을 접하게 되었다.

영국은 그 전해인 1381년 여름, 역사상 유명한 농민 봉기peasant revolt를 경험하게 되었다. 워트 타일러Wat Tyler(?~1381)라는 농부와 존 볼John Ball(?~1381)이라는 급진적인 사제에 의하여 촉발된 농민 봉기는 급기야 런던을 함락시키고, 닥치는 대로 폭정에 앞장섰던 지배계급을 살해하였다. 특히 존 볼은 "아담이 밭을 갈고 하와가 길쌈을 할 때 누가 지주였는가?"라고 노래 부르면서 강력히 농노제도와 봉건제도 타파에 앞장섰다.

물론 이러한 생각은 존 볼만 품고 있지 않았다. 옥스퍼드의 학자 존 위클리프John Wycliff(?~1384)는 지배계급의 독점적 토지 소유와 정치 권력 행사에 반대하고 사제들에 독점되었던 라틴어 기도를 비판하면서 성경을 '백성의 언어'인 영어로 번역하는 것을 시도하였다. 신이 전능하고, 또 어디에도 존재한다면 꼭 라틴어로만 하는 기도를 알아듣는 것이 아니며, 보통의 백성들이 영어로 해도 알아들을 것이고, 성경도 그리스말과 라틴말이 아닌 영어로 번역해도 된다고 믿었다.

이는 곧 사제들에 의해 독점적으로 행사되었던 종교의식에 대한 반대였다. 사제들은 영세, 혼인, 종부성사 등과 같은 종교의식에서도 가난한 농부로부터 돈을 뜯어냈고, 귀족과 똑같이 봉토封土를 소유하고 있으면서 농노를 부려왔다. 14세기 중엽 창궐하던 흑사병과 프랑스와의 '백년전쟁'은 노동력을 감소시켰고, 급기야 임금이 상승하게 되자, 최고임금 제도인 '노동법'Statute of Labour를 입법, 일정 금액 이상의 임금을 지급하지 못하게 하여 대규모 봉기가 일어나게 된 것이다.

　이러한 변화는 마침내 앤의 친정이 있는 프라하에까지 퍼져나가게 되고, 당시 프라하 카렐대학 총장이었던 후스Jan Huss(1369~1415)도 그 영향을 받게 되면서 교황으로부터 하달되는 '교서'bull까지 거부하였고, 급기야는 1411년 교회에서 파문당하였다. 파문에도 상관없이 개혁적 주장을 펴나가던 후스는, 1415년 콘스탄츠에서 열린 공의회에 참석하여 자기의 주장을 토로하려 하였으나, 결국 그곳에서 종교재판을 받고 화형에 처해졌다. 'Huss'라는 단어가 체코어로 거위를 뜻하기 때문에 후스의 화형은 '구이가 된 거위'로 상징화되었다.

　이러한 사건이 벌어진 후 후스의 추종자들은 1420년 '후스전쟁' Husite War을 일으켰고, 마침내 1517년 루터Martin Luther(1483~1546) 등에 의하여 종교개혁으로 연결되었다. 1618년 프라하에서의 신구교 대립은 사제들이 창문 너머로 내던져지는 사태를 기화로 30년이라는 긴 세월의 종교전쟁(1618~48)으로 확산되었다.

자본주의의 탄생

　'구이가 된 거위'는 자본주의라는 새로운 경제사상을 잉태시켰다. 베버Max Weber(1864~1920)에 의하면, 중세 신분 사회는 하는 일에 따라 신분과 계급이 결정된다며 사람들은 평등할 수 있는 권리를 갖지 못하였다고 보았다. 그러나 중세를 지배했던 이념이 바뀌면서 모든

직업이 신성한 것으로 간주되었다. 소나 돼지를 잡는다고 낮은 신분이고, 기도하고 미사를 드리거나, 전쟁을 벌이고 정치 권력을 갖는다고 해서 높은 신분이라는 것은 신의 섭리에 벗어나는 일이라고 믿게 되었다. 모든 직업은 신이 맡겨준 천직이기 때문이다.

개인이 신으로부터 물려받은 재능에 따라 자신의 직업을 선택하고, 그렇게 선택된 직업에 충실하게 되면 생산성도 높아지고, 부도 쌓이며, 또한 신에게 영광을 돌려주는 기회가 되게 마련이다. 그러므로 신이 불러서 맡겨준 직업에는 귀천이 있을 수 없고, 따라서 하는 일에 비추어 사회적 신분이 결정될 수도 없다. 이것이 바로 자본주의 정신이며, 개신교의 윤리였다. 이러한 이념적 변화는 자본주의 출현이 가능할 수 있도록 사회적 기초를 구축하게 되었다.

생산성이 높아지면 일정 생산을 하는데 들어가는 노동력도 줄어들게 된다. 특히 농업에서는 가축을 이용하여 밭을 깊이 갈고, 울타리를 만들어 양과 소 같은 가축을 기르면서 생산성이 높아진다. 사람들이 생존해 나갈 수 있는 식량을 확보할 수 있게 되면 그 이상의 식량 생산은 불필요하게 되고, 농업에 머물던 노동력은 농업으로부터 방출되기에 이른다.

이렇게 풀려난 노동력은 어디로 갈까? 농산물 이외 다른 것들을 생산하는 데로 옮겨가게 될 것이다. 면화나 양모를 더 가늘게 풀어내고, 더 보드랍게 짜서 옷감을 만들거나, 가죽에서 기름을 빼, 잘 다듬어질 수 있도록 무두질을 하는 데로 옮겨질 수도 있고, 나무를 자르거나 잘 다듬어 가구를 만드는 데로 갈 수도 있다.

여기에서 다시 산업의 분화가 발생하고, 사람이나 가축의 힘에만 의존했던 동력을 바람이나 물의 힘으로 바꾸고, 다시 물을 끓여서 증기로 만들고, 물을 떨어뜨려 바퀴를 돌려서 더 큰 힘을 만들어 내는 데로 쓰이기도 할 것이다. 사람들이 자기가 좋아하는 일을 선택하고, 직업을 신이 주신 것이라 믿으며 열심히 일하게 되면 생산효율이 높아지고, 새로운 기술도 탄생하게 마련이다. 여기서 기술 발전이 이루어지는 것이다.

이렇게 새로이 고안된 기술을 이용하려면 당연히 대규모의 자본이 필요하게 된다. 이러한 대규모 자본은 어디에서 오게 될까? 중세 기독교 이념에 따르면 금융업, 특히 대부업은 사회적으로 금기시되었다. 돈을 꾸어주고 이자를 받는 것은 '고리대금지법'Usury Act에 의하여 기독교인에게는 근본적으로 금지되어왔다. 그래서 이자를 받고 돈을 꾸어주는 돈장사는 기독교인이 아닌 유대인들이 행했다.

그러나 이러한 사회적 관습은 서서히, 그리고 조금씩 깨지기 시작하였다. 1095년 시작된 십자군 원정은 급기야 원정에 참여하거나 성지를 순례하는 기독교도를 보호한다는 명분으로 1119년 '성전기사단'Knight Templar을 만들었고, 이 기사단의 활동이 커지면서 기독교들을 보호하는 역할 외에 다른 많은 부차적 기능이 추가되었다.

영국에서 출발하는 성지순례단은 돈을 몸에 지니고 가는 것이 위험했기에 성전기사단 영국 지부에 돈을 맡기고, 증서만을 가지고 중동

성지에 가 그곳에서 돈을 찾는 방법이 고안되었다. 이러한 돈거래에서 발생하는 환전 수수료나 송금 수수료는 성전기사단의 수입이 되었다. 성전기사단의 헌신적인 활동에 감동하여 유산을 기증하는 귀족이 있는가 하면, 여러 세대에 걸쳐서 이렇게 축적된 자산을 운영, 돈을 늘린 것을 다시 늘리면서 자본의 본원적Urspringlich 축적을 가능하게 하였다.

14세기부터 이탈리아 북부지역에서 행하여졌던 금융업은 메디치Medici 같은 은행가 집안을 만들어 냈다. 이 집안은 군주에게까지 돈을 꾸어주면서 더욱더 큰 자본을 축적하게 되어, 마침내는 정치적 권력은 물론 교황을 두 명씩이나 이 집안에서 배출하면서 종교적 권력까지 획득하기에 이르렀다.

사람, 상품, 돈 – 모두를 사고 모두를 팔 수 있다

나라마다 사정은 다르나 여러 가지 방법으로 자본이 축적되면서, 자본주의 성립에 필요한 네 가지 원칙, 곧 신분제 해체, 자본 축적, 대규모 노동력 확보, 기술 발전이 현실화했다. 18세기 들어 마침내 영국에서 시작되어 이루어진 산업혁명은 본격적으로 봉건체제를 시장경제 체제로 바꾸어 놓았다. 여기에는 시장경제 체제에 활력을 불어넣었던 '회사 제도'가 큰 몫을 하였다.

항해술이 발달하면서, 영국이나 네덜란드를 떠나는 상선들은 그들이 잘 만들 수 있었던 제품을 배에 잔뜩 싣고 희망봉을 돌아 오늘날의 아시아에 와서 팔고, 그 판 돈으로 자기들이 생산하지 못하는 향신료, 차, 도자기, 비단 등을 사서 유럽으로 돌아가면 막대한 이익을 얻을 수 있었다. 그러나 이러한 무역과 항해에 들어가는 돈은 적은 금액이 아니어서 그 돈을 모으기 위해 고안된 것이 주식이었다.

아주 작은 단위로, 예를 들면 우리 돈으로 5천 원 정도의 작은 단위로 주식을 만들고, 이 주식을 런던의 테임즈 강변, 또는 암스테르담의 운하 근처 술집에서 팔아 돈을 모아 무역과 항해에 필요한 상품과 선박을 산 다음, 그 장사에서 번 이윤을 주식의 비율대로 배당하되, 만약 배가 난파되거나 사고로 소멸하면, 주식을 산 사람들도 그 액수만큼 손해를 보는 유한책임제도를 찾아냈다.

또 주식은 항해가 끝나기 전, 이익배당이 없어도 전매轉賣할 수 있도록 해서 정보와 무역 활동에 따라 원래 산 가격보다 비싸게 팔아 중간 이익을 낼 수 있었다.

흔히 자본주의 체제라고 불리는 시장경제 제도가 이렇게 자리를 잡게 되면서, 노동력을 팔고 사는 노동시장, 상품을 팔고 사는 생산물 시장, 그리고 돈 시장 등 크게 세 부류 시장을 형성하게 되었다.

이렇게 형성된 시장의 원리에 따라, 나에게 가장 높은 임금을 주는 회사에 나의 노동을 팔고, 회사는 가장 싸게 임금을 달라는 노동자에게 노동력을 사들이면 된다. 생산물도 마찬가지이다. 가장 싼 값으로 사들이고, 가장 비싼 값으로 팔면 된다. 돈의 가격인 이자도 그렇게 정해진다. 내 돈은 가장 값을 많이 쳐주는 은행에 팔고, 돈을 살 때는 가장 싸게 이자를 받는 은행에서 사면 된다.

여기에서 수요와 공급이 균형을 이루게 된다. 팔겠다는 사람 곧 공급자가 많으면 값이 내려가고, 사겠다는 사람 곧 수요자가 많으면 값은 올라가게 마련이다. 수요자가 많아서 값이 올라가면 그 올라간 값 때문에 공급이 늘게 되고, 반대로 수요가 적어서 값이 내려가면 그 상품은 덜 만들면 된다.

이렇게 자유경쟁 시장이 형성되려면, 무엇보다도 '사유제'라는 소유제도가 성립되어야 한다. 무엇을 사든지, 무엇을 팔든지 사회적 신분이나 계급에 관계없이 누구나 무엇이든 사적私으로 소유할 수 있는 권리가 보장되어야 한다. 물론 무엇이든, 누구든 사적으로 소유할 수 있는 세상은 아무 데도 없다. 그러나 원칙적으로 이러한 정신은 지켜져야 한다. 그리고 이렇게 사적으로 소유된 재산이나 상품은 외부의 아무런 간섭없이 처분될 수 있어야 한다. 남에게 팔아도 되고, 또 빌려주어도 되고, 거저 주어도 되는 것이 보장되어야 한다.

이러한 상태에서 시장이 경쟁적으로 운영된다면, 그 상태가 바로 자유시장 경제, 곧 자본주의 사회의 시장이 되는 것이다.

사람 시장

사람의 값은 어떻게 정해지나?

생산하기 위해서는 무엇보다도 노동력이 필요하다. 모든 생산 활동은 원천적으로 노동으로부터 시작된다. 근대 이전 노동력은 영주나 국가 등에 의해 소유되었기 때문에 노동력을 가진 사람들이 자기 자유의사에 의하여 노동력을 팔 수 없었고, 또 노동력을 원하는 사람도 자기의 자유의사에 의하여 노동력을 살 수가 없었다. 따라서 노동력이 공급되고 수요되는 시장은 없거나 극히 제한적으로 존재할 수밖에 없었다.

노동력을 팔고 사는 데 매개 역할을 하는 것은 임금, 곧 노동력의 값이다. 노동력의 값으로서의 임금은 최소한도의 노동력을 다시 회복

할 수 있는 수준 이상으로 결정되어야 한다. 그렇지 않으면 지속적인 노동력 공급이 불가능하게 되고, 결국에는 노동시장이 사라질 수밖에 없다. 따라서 장기적으로는 노동시장에서의 가격인 임금이 노동력을 다시 창출할 수 있는 생계비 수준에서 이루어지게 마련이다.

임금이 생계비 이상으로 올라가게 되면, 자연히 노동력의 재생산이 쉬워지면서 그 공급이 늘고, 노동력의 공급이 늘면 임금은 떨어지면서 노동력의 재생산이 줄어들고 다시 임금은 올라가게 마련이다. 이렇게 임금은 생계비 수준의 균형 임금을 중심으로 올라갔다가 떨어지는 시장임금으로 수렴하게 된다.

그러나 산업혁명 이후 노동력이 도시로 몰리고, 목가적이었던 자급자족 경제가 시장경제로 변화하자, 도시가 커지며 빈곤이 확산 되고, 사회적으로 이전에 경험하지 못한 비인간화가 진행되면서 범죄의 양상도 근대화하기에 이르렀다. 이른바 산업혁명 이후 나타난 '도시의 저주'Urban Curses는 연쇄 살인, 유아 납치, 성매매, 직업적 구걸, 사기, 강도 등과 같은 새로운 범죄 유형을 만들어냈고, 수많은 노동자가 이러한 틈새에서 임금 등을 착취당하는 상태에까지 내몰렸다.

소득분배의 불균등이 악화하면서 부자는 더 큰 부자가 되고, 가난한 사람들은 더 가난해지는 악순환이 나타나게 되었다. 사회적인 불안 속에서 잃을 것 없는 노동자들은 폭도화 되어 파업을 하든가, '기계파괴운동' 같은 소동을 일으키게 되었다. '기계파괴운동'은 러드 Ned Ludd(?~1779)가 주도하여 시발했기 때문에 '러다이트 운동'Luddite

Movement, Ludditism이라고 부르는데, 곧 기계 때문에 노동자가 일자리를 잃게 되고, 노동자의 임금도 떨어진다고 믿어 영국을 비롯한 여러 나라로 퍼져나갔다. 흔히 '태업'이라고 불리는 '사보타지'sabotage도 노동자들이 평상시 신고 일하던 '나막신'sabot으로 기계나 제품을 파괴한 데서 유래한 말이다.

부르주아지와 프롤레타리아

1848년, 마르크스Karl Marx(1818~83)와 엥겔스Friedrich Engels(1820~95)가 노동자 편에 서서 '공산당 선언'을 발표했다. 마르크스는 산업혁명 이후의 시장경제를 자본주의로 보고, 이를 신랄하게 비판하였다. 자본을 가진 자를 자본가capitalist라고 불렀고, 자본가는 돈과 물질만을 부적처럼 숭배하는 '물신배금사상'fetishism을 가진 계급으로 보았다. 따라서 산업혁명 이후의 사회는 자본가 계급인 유산계급bourgeois과 노동자 계급인 무산계급proletariat의 대립과 투쟁의 사회로 규정하였다.

그는 '공산당 선언'에서, 인류의 역사는 계속되는 계급 투쟁의 역사로서 그가 살고 있던 19세기는 무산계급과 유산계급 사이의 계급 투쟁으로 보았다. 또 자본주의 사회는 내재적으로 존재하는 모순으로 반드시 멸망하게 되어있으니, 노동자들이 궐기하여 자본주의를 타도하자고 주장하며 "노동자들이 잃을 것은 그들을 묶고 있는 족쇄이며, 그들이 얻을 것은 전 세계"라고 선언하였다.

노동력은 수요와 공급에 따라 노동시장에서 매매되나, 노동력은 노동자에게 체화되어 있어, 곧 몸에 붙어 있으므로 분리될 수 없고, 노동력을 샀다는 것은 그 노동자를 일정 시간 필요한 일에 붙잡아 둘 수 있는 사실을 의미한다. 여기에서 바로 노동시장의 특수성이 발생한다. 노동을 체화하고 있는 노동자는 바로 인격체이기 때문에 노동력을 제공하는 동안 사람으로서 합당한 대우를 받아야 한다.

노동자는 수적으로는 고용주보다 우세하나 재산이나 소득 면에서는 열세한 처지에 있다. 만약의 사태로 분규가 발생하면 당장 밥을 굶는 사람은 노동자이고, 그래서 노동력 매매 계약은 불리할 수밖에 없다. 이러한 이유로 인해 역사적으로 산업혁명 이후 노동자들은 서로 합심해서 집단적인 행동, 곧 결사하려는 운동을 벌이기 시작하였고, 정치 권력을 틀어쥐고 있었던 자본가들은 어떻게 해서든 이를 막아보려고 노력하였다.

영국에서의 조직적인 노동조합 운동은 1792년 '종'The Bell이라는 상징적 의미를 띠고 있는, 런던의 '엑세더 가든'이라는 선술집에서 시작되었다. 선술집은 원래 노동자들이 일을 끝내고 즐겨 찾는 곳이기 때문에 자연스럽게 이런 곳에서 시작되었는지 모른다. 여기에서 시작된 '런던연락협회'London Corresponding Society는, 처음에는 은밀하게 조직되었으나 뜻을 함께하는 많은 노동자가 관심을 가져 회원 규모가 확대되었다. 영국 정부는 이 모임의 초대회장이었던 하디Thomas

Hardy(1752~1832)를 비롯한 핵심 요원들을 대역죄로 구속하였으나 배심원의 평결로 모두 석방되었다. 노동조합이 합법으로 인정된 것이다.

그렇다고 노동조합이 명시적으로 합법화된 것은 아니었다. 영국 정부는 노동조합의 설립을 막기 위하여 별별 조치를 다 취했다. 1799년에 입법된 '연락금지법'Corresponding Act은 "세 명 이상의 동종업 노동자들이 모여 술을 마시는 것"까지 금지하였다. 여럿이 모여 술을 마시면서 "너는 얼마 받고, 또 하루에 몇 시간 일하느냐?" 같은 질문을 통하여 서로 근로 조건을 파악하게 되고, 이로써 쉽게 조합과 같은 조직이 생길 수 있다고 보았던 것이다.

또한, 같은 해인 1799년 '결사금지법'Combination Act이 입법되어 노동자들이 소수라도 결사하여 조합을 만드는 것을 금지하였다. "노동자들은 서로 만나 이야기도 하지 말고, 또 어떠한 조직도 만들어서는 안 된다"는 황당무계한 법률들이 만들어진 것이다.

노동운동의 탄압 – 그냥 잠자코 일만 해!

노동자들을 계몽·교육하기 위하여는 노동자들의 뜻을 대변하고, 노동자들의 이익을 보호하는 취지의 신문 발행이 불가피하였다. 그러나 1819년에 입법된 '인쇄법'에 의하면, 신문을 한 부당 7펜스 이하의 값으로는 팔 수 없고, 한 부당 4펜스의 인지세stamp를 부과하게 하여 신문값을 인위적으로 올렸다. 당시 시중에서 2펜스였던 빵 한

덩어리 값의 네 배 가까이 신문값을 정했기 때문에 가난한 집의 하루 양식 값에 해당하는 돈을 지불하고는 도저히 신문을 볼 수 없게 만든 것이다.

1830년 들어 인지세를 피해 간 〈가난한 사람들의 보호자〉 같은 불법 지하신문이 발행되어 수많은 지식인이 익명으로 기고하여 유지되는 듯하였으나, 1834년 폐간되고 말았다. 이 신문이 폐간되자 오코너 Feargus O'Conner(1794~1855)가 〈북극성〉이라는 지하신문 발행을 새롭게 시도하였으나, 곧 체포되어 런던의 한 정신병원에 오랫동안 수용되어 있다가 사망하면서 모든 게 무산되었다.

그 뒤 의회를 통하여 합법적인 투쟁을 전개하려는 시도가 있었으나, 일정액 이상의 세금을 납부하는 세대주에게만 투표권이 주어진 데다가, 선출된 의원들도 보수를 받지 못하였기 때문에 '의원 월급 받기' 같은 운동이 전개되기도 했다. 1884년에 출범한 '페비안 협회'Fabian Society는 사회개량 운동을 주도하여 마침내 1893년 '독립노동당'Independent Labor Party을 결성하였고, 다시 1906년 '노동당'으로 개칭하면서 노동운동은 의회를 통하여 합법적으로 전개되었다.

영국을 효시로, 노동운동의 의회 참여 합법화는 미국에서도 비슷하게 전개되었다. 1865년 남북전쟁이 끝나고 많은 흑인 노동자가 북으로 몰리게 되면서 노동시장은 격렬하게 요동쳤다. 또한, 1830~40년대 에이레의 감자 기근에 따른 신대륙으로의 '이민 러시rush'도 노동시장을 불안정하게 만드는 요인이었다. 이민 노동자들은 생계비 이하의 임금으로는 살 수 없게 되자, 협상력을 높이기 위하여 결사가 필요하다는 것을 실감하게 되었다.

대륙횡단 철도가 완공되자 여기에서 풀려나온 중국인 '쿨리'coolie(제2차 세계대전 이전의 중국인과 인도인 하층 노동자) 또한 잉여 노동력의 성격을 갖게 되었다. 많은 중국인이 '상하이'Shanghai라는 불법적 약물이나 술에 중독되어 철도건설 현장에 싼값으로 팔려갔다. 그 중국인들은 철도건설이 끝나자 벽지에 '차이나타운'을 조성하여 막노동, 세탁 등과 같이 자본이 덜 드는 일로 생계를 이어갔다. 그리고 일부는 백인들의 편견으로 피습되어 목숨을 잃었고, 이들이 살던 마을은 '중국인 유령촌'으로 전락하게 되었다.

백인 노동자들은 비밀결사를 조직하기 시작하였다. '노동기사단'Knights of Labors, '몰리 막과이어스'Molly Maguires 같은 비밀 결사체는 탄광 등지에서 생산성 높은 광구를 폭파하거나 광산주의 자녀를 납치한 다음 임금 인상을 요구하는 불법 행위를 저지르면서 노동운동을 전개하였다.

남북전쟁이 끝난 후 군에서 제대하여 정보 관련 일을 하던 '핑커톤'Pinkerton 사설탐정 조직은 이들 불법 노동자들을 잡아들이는데 고용되어 노동조직과 서로 간 이해관계를 유지하기도 하였다. 마침내 미국 정부는 1890년 '서만법'Sherman Act를 제정하여 노동조합을 합법화했다. 1886년에 창설된 미국노동연맹은 1953년 '산별노조'Congress of Industrial Organization로 통합, 거대한 노동조합으로 탄생했다.

노동시장은 노동자들의 생계와 직접 연계된 임금이라는 가격의 특수성 때문에 국가가 개입하지 않을 수 없다. 노동시장에 개입하는 정부의 기본적 원칙은 노동시장의 특수성을 반영하고 있다. 노동자가 받은 임금으로 다시 노동력을 재생산하고, 장기적으로는 노동인구를 안정적으로 확보하기 위해서도 임금이 최소한의 생계비 수준이 되어야 한다는 입법적 개입을 인정한 것이다.

노동의 기본권은, 근대국가에서는 최저 임금을 강제적으로 정하게 하여 노동자들이 어떤 종류의 노동을 하든 최소한 생계비 수준의 최저 임금을 받을 수 있도록 하는 권리이다. 이를 기본권에 추가하여 노동시장에서는 '노동 3권'이라는 것이 확보되어 있다.

우선 노동자들이 사용자들과의 협상에서 힘의 균형을 보장하기 위해 노동조합을 만들 수 있는 '결사권'이 주어지며, 노동자들이 따로따로 사용자와 협상함으로써 발생할 수 있는 약점을 보완하기 위하여 '단체 협약권'도 주어지고 있다. 만일 협상이 결렬되면 노동자들이 집단으로 행동할 수 있는 '파업권'도 보장되고 있다.

노동시장은 법에 따라 다음과 같이 나누어진다. 첫째는 '공개직장'open shop이라는 개념으로, 노동자들은 조합가입 여부와 관련 없이 아무나 취직할 수 있는 직장을 말하며, 둘째로는 '조합직장'union shop이라 하여 노동조합에 가입하지 않은 노동자도 취업할 수 있으나 취업 후에는 강제적으로 조합원이 되는 직장을 말한다. 셋째로는 '폐쇄직장'closed shop이라 하여 처음부터 조합에 가입하지 않은 비조합원은 취업할 수 없는 직장을 말한다.

이러한 측면에서 보면 노동시장이 가장 규제가 많고, 비경쟁적인 시장이라고 할 수 있다. 따라서 노동시장은 다른 시장에 비하여 유연성이 떨어진다고 볼 수 있다.

상품 시장

헬멧, 젖소, 파리의 경제학

사람이 만들고, 사용가치가 있는 실물 상품이 거래되는 시장을 '생산물 시장'product market이라고 부른다. 이 시장에서는 눈에 보이는 온갖 상품들이 거래되고 있다. 쌀, 보리, 배추, 무, 사과부터 시작하여 옷, 구두, 모자, 가전제품, 자동차, 배, 비행기, 기계, 빵, 냉면 과 같은 다양한 상품들이 거래된다. 사람이 만들어서 공급하고, 사려는 사람이 있으면 이 시장은 성립하게 된다. 이 시장 역시 공급이 많아지면 값이 내려가게 되고, 수요가 많아지면 값이 오르게 된다.

1953년 한국전쟁이 끝난 후 어떤 정신 빠진 미국의 원조 담당 공무원이, 한국은 여름이 매우 더우니 아프리카 등지에서 쓰는 사파리

모자, 곧 헬멧helmet이 필요할 것 같다는 엉뚱한 결정을 내려 버렸다. 미국으로부터 비싼 사파리 헬멧이 한국에 들어오면서, 그것을 써보지 않았던 한국 사람들에게는 공급이 너무 많아진 것이다. 마침내 거저 들어온 그 모자는 생산비와는 관계없이 값이 폭락하고 말았다. 그리고 그 모자는 급기야 앞뒤로 구멍을 뚫어 나무 자루를 꿰었고, 이것은 수세식 화장실이 없었던 그 시절 똥을 푸는 바가지로 변신하게 되었다.

1980년대 군사정권 때 한 정신 나간 낭만적 '사이비 경제전문가' 왈 '우리나라 사람들이 우유를 많이 마시고 낙농 제품을 많이 먹으면 건강도 좋아지고 식량부족도 해결될 것'이라며 젖소를 들여오기 시작하였다. 그러나 그러한 식생활에 경험이 없었던 우리나라 사람들이 별안간 치즈나 버터를 많이 먹을 리가 없었다. 젖소 값은 곤두박질치고 마침내 유명 품종의 개값보다도 싸게 되었다. 군사정권에 반대하던 학생들은 시위 때 이런 노래를 부르기도 했다.

우리 집 송아지는 미친 송아지,
학교 갔다 돌아오면 멍 멍 멍
우리 집 강아지도 미친 강아지
학교 갔다 돌아오면 워 워 워

이는 공급이 수요보다 많아질 때 일어나는 현상이다. 또 반대의 경우도 없지 않다. 자유당 정권 시절 악명 높았던 논산 육군훈련소에서는 위생관리와 전염병 퇴치를 한답시고 신병들에게 파리를 잡아 성냥갑에 가득 채워서 가져오라는 엉뚱한 지시가 하달되었다. 그렇지 않아도 훈련에 시달리고, 배를 곯던 신병들이 모두 파리를 성냥갑 한 갑씩 잡아 올 수는 없었다. 그러나 파리를 못 잡아 오면 '기합'이라는 얼차려 벌을 받게 된다.

마침내 여기에 시장이 형성된 것이다. 논산 훈련소 주변에 살던 사람들이 파리를 잡아서 성냥갑에 담아 훈련병에게 팔기 시작한 것이다. '파리'라는 상품 시장이 형성된 것이다. 시장의 힘은 그렇게 무섭다.

생산물의 독점과 과점

생산물 시장에도 정부 개입의 여러 가지 형태가 있다. 대부분 국가에서는 시장거래 질서를 확립하기 위한 공정거래fair trade를 목표로 하여 독점과 과점을 인위적으로 규제하고 있다. '독점'에는 두 가지 유형이 있다.

자연적으로 생산지가 한 군데로 한정되어 그곳에서밖에는 생산이 되지 않는 경우, 이를 '자연독점'이라고 부른다. 우리나라 충북 보은군의 '초정약수'가 그러한 예이다. 자연적으로 형성되는 기포성 광천수는 그곳에서밖에 생산되지 않는다. 또 다른 유형의 독점은 특허 등과 같은 제도로 특정인에게만 생산할 수 있는 권리가 주어지는 경우이다.

독점이 언제나 나쁜 것만은 아니다. 독점이 굳어지면 공급자가 가격을 마음대로 결정할 수 있으므로 자기에게 가장 큰 이익을 보장해 주는 양만 공급하여 소비자에게 불리하게 한다는 나쁜 점이 없지 않다. 〈허생전〉에 나오는 허생許生처럼, 시장에서 말총과 과일을 모두 매집해 인위적으로 값을 올려 큰돈을 장만한 이야기는 독점 이익 극대화의 전형적인 예라고 할 수 있다.

그러나 독점에서 얻은 이익을 어떻게 제품개발과 같은 유용한 부문에 활용하느냐에 따라 독점은 국민경제에 도움이 될 수도 있다. 또한, 기술적으로 독점이 불가피한 부문도 없지 않다. 두 지역을 연결하는 철도 노선을 경쟁으로 여러 회사가 건설한다면, 이는 국가적으로 엄청난 재원의 낭비가 되므로 독점이 불가피하다.

공급자가 하나가 아니라 여럿인 경우 이를 '과점'이라고 부르는데, 과점에도 여러 가지 유형이 있다. 과점 상태에 있는 기업들이 경쟁적으로 상품을 공급하면 상품의 질도 좋아지고, 가격도 내려가게 된다. 그러나 과점기업들이 조합과 같은 것을 만들어 하나의 기업처럼 움직이게 되면, 독점의 폐해와 동일한 결과가 나타나게 된다.

많은 나라에서 이와 같은 단일화 전략을 막기 위해 공정거래법을 제정하여 독과점을 막고 있다. 우리나라에서도 이미 1970년대에 공정거래법의 제정 움직임이 있었으나, 정부가 자기들 입맛에 맞추어 정권에 비판적인 기업에 탄압수단으로 적용할 수 있다는 염려 때문에 보류되었다가 나중에야 결실을 보게 되었다.

돈 시장

금과 은은 최상의 돈

　돈 시장은 넓게는 금융시장이라고 부르지만, 어차피 돈을 팔고 사는 시장을 말한다. 물론 돈 또는 돈과 같은 상품도 사람이 만들었으나, 이 상품 자체는 사용가치를 가지고 있지 못하다. 우리나라 돈 5만 원은 교환에 있어서 짜장면 다섯 그릇, 운동화 한 켤레의 가치를 가지나, 그 자체 소재 가치는 조폐공사에서 만드는 원가 몇 원에 불과하고, 휴지로 쓰기에도 불편하다. 이와 같은 상품을 인위적으로 만들어 거래하는 시장이 곧 돈 시장, 넓게는 금융시장이라 부른다.

　사람들은 이자 곧 돈값을 가장 잘 쳐주는 은행에 돈을 팔고, 돈값을 가장 낮게 받는 은행에서 돈을 산다. 이것이 바로 전형적인 돈 시장이다. 돈 시장이 잘 발달해 있다는 것은 돈을 사들일 때 가장 비싼 값으로 사들이고, 돈을 팔 때 가장 싼 값으로 판다는 것을 뜻한다.

돈은 사람이 만들었거나 발명한 상품이나, 의제적擬制的인 가치를 가지고 있어서 다른 상품과는 달리 특수성을 갖는다. 돈이나 유가증권과 같은 상품은 사람들이 제도적으로 부여한 의제 가치를 상실하면 다른 목적으로는 전혀 쓸 수가 없다. 그러나 경제생활에서는 없어서는 안 될 필수적인 상품이다.

각자가 생산한 상품은 자기만 혼자 쓰기에 너무 많다. 따라서 다른 물건과 바꾸어 써야 하며, 또 그렇게 하는 것이 효율적이다. 그러나 내가 필요한 물건을 가지고 있는 사람이 꼭 내가 생산한 물건이 필요한 것은 아니다. 따라서 물건을 교환하기 전에 누구나 기꺼이 받으려고 하는 물건으로 우선 바꾸고, 그것을 가지고 내가 필요한 물건과 바꾸면 편리하다.

따라서 돈이라는 상품은 누구나 받기를 꺼리지 않는 상품이어야 한다. 옛날 중국 내륙에서는 조개껍질이 돈 노릇을 하였다. 따라서 한문에서 재물을 표시하는 글자에는 '조개 貝(패)' 자가 들어가 있다. 화폐의 첫 글자 '貨(화)'에도, 재물의 첫 글자 '財(재)'에도, 그리고 보물의 첫 글자 '寶(보)'에도 '貝'가 들어가 있다.

돈으로 기능할 수 있는 첫 조건은 누구나 받을 의향이 있는 물건이어야 한다. 이를 전문적인 용어로 말하면 '수용성'受容性, acceptability이다. 두 번째로, 이러한 수용성이 보장되기 위해서는 그런 물건이 많지 않아야 한다. 이를 '희귀성'稀貴性, rarity이라 한다. 중국 내륙에서는 바다와 멀리 떨어져 있었기 때문에 조개껍질이 드문 물건이었다. 세 번째는, 돈으로 쓰일 물건이 쉽게 망실되거나 손상되지 않아야 한다. 이를 '내구성'耐久性, durability이라고 한다. 돈은 유통되다가 보면 쉽게 망가질 수 있으므로 내구성이 중요한 것은 당연하다. 네 번째로는, 돈이 되는 물건은 쉽게 나누어질 수 있어야 한다. 이를 '분할성'分割性, divisibility이라고 부른다. 끝으로, 돈은 모든 거래에 간여하기 때문에 쉽게 가지고 다닐 수 있어야 한다. 이를 '휴대성'携帶性, portability이라고 한다.

그러면 이러한 성질을 가지고 있는 물건에는 어떠한 것들이 있을까? 옛날 그리스 사람들은 소를 돈으로 삼기도 했다. 그러나 수용성, 희귀성, 내구성, 휴대성이 모두 있으나 분할성은 없다. 에스키모인들은 꽁꽁 언 물고기를 돈으로 쓰기도 했다. 동토의 추운 날씨를 고려하면 돈이 될 수 있는 조건은 모두 가지고 있을 법하다.

그러나 무엇보다도 이런 조건들을 잘 구비하고 있는 것이 금이다. 금은 귀하기 때문에 누구나 받으려고 한다. 또 금은 녹이 슬거나 썩지 않아, 그 성질을 영구히 보존하고 있다. 또 금은 쉽게 분할되어 작은 단위로 쪼갤 수 있어 1그램의 금을 10킬로의 가는 실로 늘릴 수 있다. 금은 이렇게 작은 단위로 나뉘어도 그 성질이 변하지 않고, 다시 녹여서 덩어리를 만들어도 품질이 훼손되지 않는다. 이와 유사한 상품으로 은도 있어, 인류 역사에서는 금과 은이 돈 역할을 해왔다.

금과 은의 퇴장, 이제 '종이'가 돈이다

인류의 경제활동이 점점 확대되고, 국경을 넘나드는 무역이 발달하게 되자, 거래수단으로서의 금과 은의 수요가 점점 늘어났다. 중세 사람들이 허황하게 연금술을 믿고 금을 만들어 보려는 시도나, 미대륙을 발견한 스페인 사람들이 금을 찾아 '엘도라도'Eldorado를 꿈꾸던 것도 모두 금이 돈이 된다는 믿음에서였다.

금의 수요가 늘면 금값이 올라가게 마련이고, 금과 유사한 성질을 띠고 있는 은으로 대체하려는 경향이 나타나게 된다. 멕시코를 차지한 스페인 정복자들이 알게 된 것은 멕시코 어딘가에 은이 많이 매장되어 있다는 것이었다. 멕시코 원주민이 필요에 따라 은을 캐어내 돈으로 쓰는데, 그 은이 어디에서 나오는지는 알 수 없었다. 스페인 통치하에서 멕시코 원주민들은 정복자에게 은의 출처를 알려주지 않은 것이다.

1810년대부터 멕시코에서 일어나기 시작한 독립운동은 많은 사람의 희생 끝에 1821년 독립을 가져다주었으나, 멕시코는 잦은 혁명과 내란, 그리고 외세의 간섭 때문에 어려운 나날을 보내게 되었다. 마침내 멕시코는 은 광산을 공개하고 대량의 은을 세계 시장에 풀어놓았다. 구아나후아토Guanajuato 한 곳에서만 생산된 은이 당시 세계 은 공급량의 30%까지 차지하게 되자 은값이 폭락하게 되었다. 금과의 교환 비율이 12대 1이었던 은은 60대 1까지 떨어졌고, 마침내 오늘날에는 80대 1까지 내려갔다.

대원군이 경복궁을 재건하면서 그 막대한 건축비를 충당하기 위해 주조한 당백전當百錢이라고 부르는 엽전은, 곧 1만 퍼센트의 물가 팽창을 의미하게 되어 그 엽전은 전혀 돈의 구실을 못 하게 되었다. 이때 우리나라에 들어온 값싼 은이 돈 노릇을 하면서 마제은馬蹄銀, 또는 묵은墨銀 곧 '멕시코은[墨西哥銀]'이라고 칭하는 화폐가 되었다.

1910년 대한제국이 망하고 일제가 우리 경제를 통제하는 상태에 들어가자, 그들이 먼저 착수한 것은 조선은행을 창립, 조선은행을 통하여 '조선은행권'을 발행하는 것이었다. 금을 본위화폐로 쓰던 일본은 일본은행이 보유하고 있는 금의 양에 맞추어 '일본은행권'을 발행하였고, 조선은행은 다시 조선은행이 보유하고 있는 '일본은행권'에 맞추어 '조선은행권'을 발행하였다. 이러한 제도는 동아시아로 확대되어 만주가 일본의 수중에 들어가자, 만주은행은 보유하고 있는 '조선은행권'에 맞추어 '만주은행권'을 발행, 만주국의 화폐로 사용했다.

금을 바로 돈으로 사용하는 데에는 여러 가지 불편한 점이 있었다. 금은 성분이나 무게를 증명하기 위하여 임금이 관장하는 조폐공사에서 금화를 찍어 내어야 했고, 금화는 쓰면 쓸수록 닳아서 무게가 줄게 마련이다. 또한, 은값이 떨어지면서 사람들은 금화를 더욱 선호하게 되고, 따라서 금이 유통과정에서 퇴장되는 경향을 보였다. 그래서 금을 바로 돈으로 쓰는 대신, 금을 중앙은행에 맡기고, 그 증서로서 언제나 금으로 바꿀 수 있는 금 태환권으로서의 은행권이라는 '종이돈'이 등장하게 되었다.

종이돈은 액면을 여러 종류로 나누어 놓으면 쓰기에도 편하고, 가지고 다니기에도 편리했다. 그래서 많은 나라가 금본위제도를 택하면서 은행권이 공식적으로 돈 노릇을 하게 되었다. 그러나 금의 공급이 수요에 대비하여 줄어들게 되자, 여러 나라가 금을 본위화폐로 쓰는 제도를 버리고, 중앙은행의 금 보유량과 관계없이 은행권을 찍어 내기에 이르렀다.

사기꾼들의 표적이 된 '금본위 종이돈'

그러나 중앙은행이라는 기능을 늦게까지 갖고 있지 않았던 미국에서는, 금을 채굴한 사람이 금의 성분을 입증받아 개인 은행에 맡기고, 그 은행이 발행한 은행권을 쓰다 보니 여러 가지 문제가 발생하게 되었다. 나쁜 사람들이 경영하는 은행에서 자기 은행의 금 보유가 가장 많을 때 은행을 불 지르고 금을 가지고 야반도주를 하면, 그 은행에서 발행한 은행권은 하루아침에 휴지가 되어버리고 만다.

이런 은행들을 미국에서는 '살쾡이 은행' wildcat bank이라고 불렀다. 얌전하게 있다가 방심한 사이에 사람의 목을 물고 달아나는 살쾡이의 습성에 빗되어 이름을 붙인 것이다. 후일 말일 성도 예수 그리스도 교회, 곧 모르몬 Mormon 교회의 창시자 조셉 스미스 Joseph Smith(1805~44)도 이런 부류의 하나였다.

제1차 대전이 끝나고 경제적으로 어려운 시기를 보냈던 독일은 은행권을 너무 많이 찍어, 1923년 11월 15일 현재 미국 1달러를 환전하려면 4조 2천억 마르크를 줘야 했다. 그래서 닷새 뒤인 11월 20일 1조 분의 1로 화폐개혁을 해서 1달러를 4.2마르크로 바꿀 수 있게 되었다. 대만으로 쫓겨간 중국의 국민당 정부도 돈을 마구 찍어 돈의 가치가 떨어지자, 사람들은 휴지 대신 돈으로 밑을 씻었다. 국민당 정부는 "그 돈에는 국부 손문孫文의 초상화가 있으니 그 부분만이라도 오려내고 쓰라"고 호소할 정도였다.

이처럼 돈은 많이 찍어 내면 그 가치가 떨어지게 마련이다. 특히 금이나 은과 같은 귀금속의 뒷받침 없이 이루어지는 통화 공급은 물가 팽창을 가져오게 마련이고, 마침내 그런 돈은 화폐로서 기능을 상실하게 된다.

1860년 미국에서는 '살쾡이 은행'이 발행한 은행권 때문에 금융시장에 불신이 커지자 '연방예금보험제도'를 도입, 상업은행들이 이 제도에 자발적으로 가입하여 은행이 부실하게 되면 연방정부가 예금을 보호하도록 했다. 그리고 마침내 이 제도가 확대되어 1913년 '연방준비법'Federal Reserve Act이 제정되면서 미국에 중앙은행이 본격적으로 개설되기에 이르렀다.

초창기에는 모든 상업은행이 연방준비은행에 강제적으로 가입되지 않았고, 희망하는 은행만 회원이 되는 제도를 택하였다. 이른바 '경제민주주의' 정신에 입각한 것이었다. 당시는 지금과 달리 교통이 발달하지 않아 미국 전역에 12개의 연방준비은행이 개설되었고, 이 은행들은 본격적으로 미국의 중앙은행 역할을 하게 되었다. 그러나 나중에는 모든 상업은행이 강제적으로 회원이 되도록 만들었고, 회원은행이 되는 경우 일정한 금액을 연방준비제도에 출자하도록 했다.

1948년 우리나라가 마침내 미국의 군정에서 벗어나 독립 국가가 되자, 우리도 중앙은행이 필요하게 되었다. 그러나 우리나라에서는 당시만 해도 중앙은행의 기능과 역할을 세밀히 알고 있는 전문가가 없었다. 당시까지 존재하였던 조선은행은 일본은행의 분점에 지나지 않았고, 또 금이나 은을 본위화폐로 쓸 수 있는 재력도 없었다.

우리 정부는 급기야 미국 연방준비제도에 전문가 파견을 요청하였고, 이에 따라 두 명의 전문가가 파견되었다. 그 가운데 한 분이 나중에 펜실베이니아 대학에서 정년퇴직한 국제금융전문가 브룸필드 Arthur I. Bloomfield(1914~98) 교수였다. 그는 1950년, 한국은행이 창립될 때까지 우리나라에 머물면서 미국 연방준비은행 제도와 유사한 '한국은행법'을 만들어 독립 대한민국의 중앙은행 설립에 기여했다.

우리나라의 중앙은행인 한국은행은 처음부터 금이나 은을 본위로 하는 은행권을 발행하지 않고, 한국은행 자체가 무자본 특수법인으로 출발하여 아무 재산 없이 법에 따라 돈으로 쓸 수 있는 은행권을 발행하게 되었다.

미국도 금이나 은을 포기한 지는 오래되었다. 미국 연방준비제도가 시작되었을 때에는 금 1 트로이 온스Troy ounce(약 32그램)에 17.50 달러를 기준으로 은행권을 발행하였으나, 세계적으로 교역량이 늘어나고, 국제화폐로서 미국 달러가 모자라게 되자 1934년 금값을 두 배로 늘려 금 1 트로이 온스를 35.00달러로 바꾸면서 미국에서의 금의 민간 거래를 금지했다. 따라서 필수 불가결한 금의 민간 수요는 순금이 아닌 18금이나 14금 같은 합금으로, 치과의사나 귀금속 업자에게만 제한적으로 허용하였고, 모든 금 생산량은 미국 재무부가 독점적으로 매입하도록 하였다.

그래도 국제시장에서 금값이 계속 올라가자, 미국 정부는 1971년 금본위제도를 포기하고 금의 뒷받침 없이 미국 달러가 유통되도록 하였다. 지금은 1 트로이 온스 당 금값이 1,500 미 달러 선상에서 거래되고 있다. 금본위제도가 온 세상에서 없어지고 만 셈이다.

이제는 금이 돈이 아니다. 위조지폐를 만들기 어렵게 하도록 특수 종이에 인쇄하여 돈으로 쓰도록 법적으로 강제된 종잇조각이 돈으로 돌고 있는 것이다.

중앙은행은 돈의 도매상, 시중은행은 돈의 소매상

금이 뒷받침되지 않은 돈은 위험하다. 돈을 찍어 내는 권한을 가진 정부 마음대로 돈이 늘어날 수 있다. 돈이 늘어나서 물가가 팽창하게 되면 돈의 신용은 떨어지고, 사람들은 가급적 돈을 갖고 있지 않으려 한다. 바로 '뜨거운 돈' hot money이 되고 마는 것이다. '뜨거운 돈'을 오래 붙들고 있으면 손을 데게 마련이다. 그러니까 돈이 들어오면 바로 다른 물건으로 바꾸어서 돈을 버려야 한다. 그렇게 되면 돈이 돌아가는 속도가 빠르게 되고, 결국 돈을 더 찍어 낸 효과를 가져옴으로써 물가는 더욱 팽창할 수밖에 없게 된다. 돈이 돈 구실을 하지 못하게 되는 것이다.

돈은 사람 몸의 혈압과 같아 너무 높아도 해롭고, 너무 낮아도 해롭다. 돈이 많아지면 물가가 팽창하게 되고, 기업활동이 위축된다. 그래서 중앙은행은 돈의 공급을 조절할 수 있는 정책수단을 가지고 이를 현명하게 다루어야 한다. 돈이 많이 풀리면 돈값을 올리고, 돈이 덜 풀리면 돈값을 내리면 된다. 이때 돈값은 이자율을 말한다.

중앙은행은 '돈의 도매상'이다. 돈의 도매상에서 돈을 사다가 일반에게 되파는 시중은행, 곧 상업은행은 '돈의 소매상'에 해당한다. 도매상에서 값을 올리면 소매상도 값을 덩달아 올리게 되고, 따라서 비싸진 돈값 때문에 돈은 덜 팔리게 된다.

모든 소매상이 도매상인 중앙은행에서만 돈을 사다가 파는 것은 아니다. 예금하는 사람한테서 돈을 사다가 이를 되팔기도 한다. 예금하는 사람들이 은행에 돈을 맡기면 언제나 모두 찾아가는 것은 아니다. 늘 얼마를 남겨놓는다. 이 남겨놓는 돈은 더 비싼 값에 상업은행에 되팔게 마련이다. 그런데 예금잔고가 얼마 될지는 경험으로 판단할 수밖에 없다. 그래서 중앙은행은 상업은행이 팔지 않고 남겨두는 예금 비율을 결정해 주고, 그것이 모자라면 도매로 돈을 파는 것이다. 이렇게 남겨놓은 돈을 '지급준비금'이라고 하는데, 돈이 많이 풀렸다고 생각하면 지급준비율을 올리고, 돈이 덜 풀렸다고 하면 지급준비율을 내려준다.

이것뿐만이 아니다. 정부가 발행한 국채도 사고팔며 시중 돈의 양을 조절하기도 한다. 국채를 팔면 중앙은행으로 돈이 들어오고, 팔려면 국채값을 내려야 하므로 돈값인 이자는 올라가서 돈의 유통이 줄어들 수밖에 없다. 돈이 부족하다고 느끼면 국채를 되사들여서 돈을 푼다. 되사들이려면 국채의 값을 올려야 한다. 결국, 이자는 낮아지는 것이다.

가깝지도 멀지도 않아야 할 당신 - 정부와 중앙은행

중앙은행의 이러한 역할 때문에 중앙은행이 하는 일에 정부가 절대로 개입해서는 안 된다. 잘못 개입하면 정치적인 이해관계 때문에 국민경제의 건강이 나빠지게 된다. 그래서 모든 나라에서는 중앙은행을 정치적으로 독립시켜 그 입김이 닿지 않도록 하고 있다. 미국은 중앙은행의 총재 격인 연방준비제도 의장이 결정되면 임기를 보장할 뿐만 아니라, 대통령의 임기와도 엇갈리게 만들어 대통령이 바뀌어도 총재는 바뀌지 않도록 하고 있다.

1947년 완전하게 독립한 에이레Eire는 그동안 영국 돈 파운드를 쓰다가 자국 고유의 푼트punt 화를 쓰게 되었는데, 독립 이후 30년이 지난 1990년대에는 푼트의 가치가 영국의 파운드 보다 강해졌다. 그

이유는 간단하다. 에이레는 법으로 중앙은행 총재가 판단할 때 정부가 돈을 많이 쓰면 돈을 안 내주는 권한을 갖고 있기 때문이었다.

1962년 우리나라가 두 번째로 화폐개혁을 하였을 때 원화와 미국 달러의 환율은 160대 1이었다. 그 당시 일본의 엔화와 달러의 환율은 360대 1이었다. 60여 년이 지난 지금 환율을 비교해보면, 우리나라 원화는 1,400대 1로 바뀌고, 일본의 예화는 150대 1로 바뀌고 있다. 우리나라 원화의 가치가 일본 엔화에 대비해 10분의 1 이하로 떨어졌다는 결과이다.

왜 우리나라 원화의 가치는 그렇게 많이 떨어지고, 일본 돈의 가치는 높아졌는가? 한 마디로 정치적 입김이 들어간, 곧 관치금융 때문이다. 국민은 관치금융 때문에 재산을 나라에 모조리 빼앗긴 셈이다. 재산을 빼앗긴 사람들은 대부분 서민이다. 나라가 개입해서 돈의 값을 정하고, 그것도 너무 낮게 정하다 보니까 돈을 사려는 사람은 많은데 팔려는 사람은 없는 것이 당연하다.

그래서 은행에서 돈을 살 수 있다는 것은 특권에 해당하였다. 은행에서 돈을 꾸어다가 한창 개발 중인 강남에 땅을 사두면 며칠 안 돼서 땅값이 오르고, 그 10분의 1, 또는 100분의 1만 되팔아도 돈을 갚고 이자도 갚을 수 있게 된다. 바로 은행 돈으로 떼부자가 되는 것이다. 공무원은 공무원대로 즐거울 수밖에 없다. 은행에 압력을 가해 특정인에게 돈을 꾸어주게 하고, 그들이 떼부자가 되면 그중 일부를 뇌물로 받아 자기도 부자가 될 수 있기 때문이다.

이 맛을 보면 천국이 따로 없다. 이자가 싸서 사람들이 은행에 돈을 맡기려 하지 않게 되자, 정부는 저축을 장려한다고 법을 만들어 모든 근로자가 자기 소득의 일부를 은행에 강제로 저축하도록 했다. 이렇게 해서 모인 돈이 경제개발에 쓰인 것도 사실이고, 부분적으로 기업인, 공무원, 정치인들을 졸부로 만들어준 것도 진실이다. 그러니까 경제개발이 서민들의 피와 땀에 많이 의존하였던 것도 부정할 수 없는 것이다. 이 과정에서 우리나라 중앙은행은 독립성을 잃었고, 관치금융은 기승을 부렸다.

돈이 많이 풀리면 물가가 올라 서민의 생활이 어려워지나, 그 어려움은 즉각적으로 느껴지지 않는다. 천천히 데워지는 냄비 속의 개구리처럼 죽을 때까지 못 느낄 수도 있다. 이러한 현상은 최근만의 일이 아니다. 이승만 정권 때도 그랬다. 이승만은 이상스러우리만치 나라 체면에 집요하게 매달렸다. 물가가 일정 비율 상승하면, 당시의 미국 달러와 고정환율을 유지하던 우리나라는 미국인과 마주 앉아 고정환율을 다시 바꾸어야 했다.

이승만은 이것이 싫었다. 환율이 올라가면 나라의 체면이 구겨진다고 생각한 것이다. 이것을 막기 위해서는 물가지수를 못 올라가게 방어해야 했다. 당시 우리나라는 물가지수 산정에서 농산물 가격의 비중이 50%를 넘었다. 따라서 농산물 가격만 누르면 물가지수는 빨리 오르지 못하였다. 그래서 거의 반영구적인 저농산물가격 정책을 고집하였고, 그 결과 농촌에 살 수 없게 되자 남부여대男負女帶 도시로 몰려들게 되었다. 도시 길거리에서 거지 노릇을 해도 농촌보다는 낫다는 것이다.

그렇다고 돈이 안 풀린 것도 아니다. 우리나라는 1953년 전후, 그리고 1962년 군사 쿠데타 이후 두 번에 걸쳐서 화폐개혁을 하였고, 그 값은 명목상으로는 1,000분의 1로 줄어들었다. 물가가 팽창하면 고정 월급을 받는 서민에게는 고통이고, 기업인에게는 혜택이 된다. 은행에서 빌린 돈은 쉽게 갚고, 제품의 값은 오르니까 손해 볼 게 없다. 여기서 여론은 돈이 많은 기업인이 끌고 간다. 서민들의 월급이 적다는 소리는 덜 들리고, 장사가 안된다는 기업인의 목소리는 크게 들린다. 그러나 지금은 그렇지가 않다. 물가가 오르는 것은 돈이 많이 풀린데 있는 것이 아니고, 임금을 비롯한 비용이 빠르게 올라가기 때문이다.

화폐는 사라지고 숫자만 남아

귀금속 본위제도에서 벗어나면서 돈은 종잇조각으로 바뀌게 되었고, 다시 점점 추상화하여 실체가 없어지고 숫자의 개념으로만 남게 되는 경향을 띠게 되었다. 내가 정한 은행 계정에 나의 소득이 숫자로 들어오면, 나는 다시 이 숫자를 휴대전화나 신용카드로 내가 거래하는 상대방의 계정에 넣어주면 화폐의 실체는 사라지고 만다. 따라서 화폐는 거래에서 사라지고 숫자만 남게 된다. 새로 등장한 가상화폐도 결국은 숫자의 개념에 불과하다.

이러한 현상은 어떻게 보면 원시 상태로의 회귀라 할 수 있다. 남태평양의 작은 섬인 트루크^{Truk}는 옛날부터 돈이 실제로 돌지 않고 상징적으로 쓰이고 있었다. 섬 한가운데에 크고 작은 돌을 쌓아 놓고 그것을 돈으로 삼았는데, 내가 은행 계정에 숫자를 가지고 있듯이 그 돌들은 크기에 따라 다양한 숫자를 상징하였고, 또 돌은 섬사람들 각각의 소유 형태로 되어 있었다. 어느 사람이 물건을 사고 값을 지불하려면, 사회적 약속에 따라 그 값에 해당하는 돌의 소유권을 물건을 판 사람에게 옮겨놓으면 된다. 따라서 돌무더기는 순환 없이 섬 한가운데 자리 잡고 소유자의 명의만 바꾸면 된다.

은행의 나의 계정에서 숫자가 빠져나가 나의 거래인에게 그 숫자가 옮겨졌지만, 이 모든 거래는 은행권 내에서 돈의 움직임 없이 숫자의 이동으로 이루어지는, 돌무더기 거래와 같다. 이러한 거래는 국제적인 거래에서도 마찬가지로 이용되고 있다. 각국이 수입 수출에 따라 거래되는 금액은 줄 것과 받을 것을 정산하여 잔액을 그 나라 계정에 숫자로 넣어주면, 실제로 돈의 움직임 없이 숫자로만 거래가 끝나게 된다. 미국 뉴욕에 있는 연방준비은행이나 스위스 베른에 있는 국제결제은행이 이와 유사한 기능을 하고 있다. 우리나라도 돈이라는 실체가 아예 소멸하고 숫자만 상징적으로 남게 되는 날이 도래하고 있다.

성경, 대포, 그리고 제국주의

돈은 있지만, 품격이나 교양이 없는 사람들

'자본주의'라는 말은 원래 영국의 풍속작가lampoonist가 풍자적으로 사용하기 시작한 말에서 유래되었다. 산업혁명 이후 새로운 시민계급의 등장과 계급 및 신분 사회의 몰락이 새로운 사회 질서를 형성하게 되었다. 귀족들은 몰락하여 가난해지는가 하면, 옛날 천민이었던 시민 가운데 돈을 많이 벌어 부자가 되어 큰 기업을 운영, 산업을 일구어나가는 사람들이 생겼던바, 이들을 통칭하여 시민계급 또는 유한계급bourgois이라 부르게 되었다.

그러나 '자본주의'라는 말은 그것이 함의하는 정곡을 찌르지는 못하였다. 전통이나 교양도 없는 새로운 부자들은 어떻게 보면 돈만 자랑하는 품격 없는 부류에 불과하였기 때문이다. 그래서 자본을 가진 사람이라는 뜻의 '캐피탈리스트'capitalist(자본가)라는 말을 만들어냈다. '피아노'에 '이스트'를 붙여 '피아니스트'라는 말을 만들 듯이 그렇게 조어造語한 것이다.

이를 다시 형용사로 쓰려면 '자본가적' 곧 '캐피탈리스틱'capitalistic이라 표현하게 되는데, 이 단어는 "돈은 많지만, 무식하고 교양 없는 천박한"이라는 부정적인 뉘앙스를 담고 있었다. 여기에서 다시 연장된 것이 '자본주의'capitalism라는 부정적 의미의 단어다. 본래의 뜻으로 다시 돌아가면 "돈은 있지만, 품격이나 교양이 없는 속된 행태"가 될 것이다.

농업이 분화되고 여기에서 돈이 쌓이게 되자, 그 돈은 상업과 제조업 쪽으로 흘러 들어갔다. '울타리 쌓기 운동'enclosure movement은 농업 생산성을 높였고 "양은 풀을 먹고 금똥을 싼다"라는 말이 나올 만큼 농업 부문에서 자본이 축적되었다. 양고기의 대량소비로 백성들의 건강이 좋아지고, 양모를 이용한 방직으로 섬유산업이 발달하게 되자 자연스럽게 자본주의는 '산업자본주의'industrial capitalism로 이전되었다.

영국에서 생산된 양모는 이탈리아로 들어가 염색이 되고, 모직으로 바뀌면서 전 세계 사람의 옷이 되었다. 증기기관이 발명되고, 기차가 나타나면서 물류는 더욱 크게 번창하게 되고, 급기야는 대양을 건너는 증기선이 등장하면서 세계무역은 더욱 박차를 받게 되었다.

산업혁명은 대규모 공장을 짓게 하였고, 생산도 대량화하여 수공업에 의존하였던 의식주의 용품들이 싼값에 보급되었다. 마리 앙투아네트도 신어 보지 못한 스타킹을 여공들이 싼값에 신을 수 있게 되었고, 조지 워싱턴도 끼어보지 못한 의치가 서민들에게 보급되었다. 이러한 값싼 대량생산으로 산업자본가들은 어마어마한 부와 재산을 축적하게 되었고, 이러한 자본은 다시 돈 시장으로 흘러 들어가 '금융자본'financial capital을 형성하였다. 돈 시장의 규모가 커지면서 돈을 거래하는 과정에서 생기는 이윤은 물건을 만들어서 파는 제조업의 이윤을 훨씬 앞지르게 되었다.

악조건을 기회로 금융업을 장악한 유대인

19세기 오스트리아-헝가리 제국의 수도 빈Wien은 명실공히 유럽의 수도였다. 66년이라는 긴 기간을 다스린 프란츠 요셉 황제의 치적도 있었으나, 당시의 국토 면적으로 보아도 유럽 최대의 제국을 자랑하는 수도답게 정치, 경제, 문화면에 앞서 나가고 있었다. 프로이센의 프랑크푸르트에서 시작한 로스차일드Rothchild의 금융업은, 프랑크푸르트에 큰아들 암셀Amschel, 오스트리아 빈에 둘째 아들 살로만Saloman, 셋째 아들 네이단Nathan은 런던, 넷째 아들 칼Carl은 나폴리에 자리 잡게 하고, 막내 야고보Jacob는 파리를 맡겨 전 유럽의 금융업을 손아귀에 넣어 유럽의 금융시장은 로스차일드 집안에 의하여 완전히 국제화되기에 이르렀다.

런던에 있는 자본가나 정부 기관이 빈으로 돈을 보내기 위하여는, 런던의 로스차일드 은행에 돈을 맡기고 일정한 수수료를 부담하면 런던의 로스차일드 은행이 빈에 있는 형의 은행에 비밀암호 문서를 보내 그 돈을 찾게 하였다. 나폴레옹 전쟁이 한창이던 시절에도 영국 정부는 스페인에서 싸우는 영군 군대에 그렇게 돈을 보냈고, 프랑스 정부도 독일에서 싸우는 프랑스군에게 그렇게 돈을 보냈다. 실제 귀금속의 이동이 없이 로스차일드 집안이 형성하고 있는 국제적 돈 시장 조직망을 통하여 국제금융이 이루어졌다.

그 시절 유대인들은 비기독교도라는 이유로 주거지도 '유대인 거리'Judengasse, 또는 Judenstrasse라고 칭하는 '게토'ghetto로 제한되어 있었다. 그리고 게토에 산다고 하여 그들은 '유대인 거리세'Judenstrassesteur를 냈고, 아침저녁으로 통행 금지 시간이 있어 주거지의 자유로운 출입이 제한되었다. 또한, 부동산을 소유할 수도 없었고, 유대인 인구의 통제로 혼인도 마음대로 아무 때나 할 수 없는, 혼인을 위해서는 당국으로부터 허가를 받아야 했다. 그래서 유대인들은 일단 혼인을 하면 가능한 한 많은 자녀를 두었다.

정변과 전쟁이 자주 일어났던 유럽에서는 자연 금융업으로 이룩한 부의 힘이 막강해질 수밖에 없었다. 전쟁에 필요한 자금이 자기 나라의 세입만 가지고 부족할 때는 자연스럽게 유대인으로부터 대부를 받을 수밖에 없었다. 이러한 관계가 형성되면서 자연스럽게 금융자본과 정치는 유착관계를 갖게 된다. 1817년 로스차일드 집안은 '유대인'이라는 악조건에도 불구하고 오스트리아 제국으로부터 남작 작위를 받게 되고, 성姓 앞에 귀족을 표시하는 접두어 '폰'von을 붙일 수 있었다.

이러한 유착관계는 더욱 발전하여, 1830년 혁명으로 퇴위한 프랑스의 샤를르Charles 10세는 도망을 가면서도 로스차일드 은행에서 돈을 꾸었고, 새로 제위에 오른 루이-필립Louis-Philippe도 로스차일드 은행에서 정치자금을 대출받았다. 1848년 시민혁명으로 쫓겨난 오스트리아 수상 메테르니히Prince Klemens von Metternich도 런던으로 도망치면서 로스차일드에게서 돈을 받아 갔다.

금융자본과 정치의 이러한 유착은 비단 19세기에만 있었던 일이 아니었다. 피렌체의 메디치가家는 이미 16세기부터 정부는 물론 교황까지도 고객으로 두고 돈을 관리하여 주었다.

19세기 빈 대학은 '한계혁명'Marginal Revolution이라고 부르는 경제학의 중요한 이론을 찾아낸 곳이다. 영국을 중심으로 풍미했던 당시의 '객관적 가치이론'은 상품을 만드는데 투입된 노동력의 크기가 그 상품의 가치를 지배적으로 결정한다고 함으로써 한계에 부딪히게 되었다. 아무리 노동력을 많이 투입하더라도 상품의 가치를 나타내는 가격은 높아지지 않을 수 있으나, 노동력이 적게 들어가도 상품의 가격은 높아질 수 있다는 것이다.

빈 대학의 멩거Karl Menger(1840~1921), 뵘바베르크Eugen von Bohm-

Baberk(1851~1914), 비저Friedrich von Wieser(1851~1926), 힐퍼딩Rudolf Hilferding(1877~1941), 노이만Oscar von Neuman 교수 등은 서로 사제 간, 선후배 간, 심지어는 처남 매부 간의 관계를 맺으면서 오스트리아 제국의 번성기를 학문적으로 이끌어나갔고, 또 재무장관 등의 위치에서 산학협동, 학문의 사회적 기여 등에 모범을 보였다.

　이 가운데 힐퍼딩은 자본주의 사회가 농업에서 공업으로, 다시 금융업으로 발전해 가면서 형성된 자본을 '금융자본'이라고 불렀고, 이러한 단계를 '금융자본주의'라고 보았다. 금융자본주의 하에서는 자본의 축적과정이 산업자본주의 아래서보다 훨씬 더 빠른 속도로 이루어졌고, 자본가의 자본 소유 규모도 상상을 불허하였다.

왼손에 성경, 바른손에 총으로 무장한 자본주의

　산업자본주의 체제하에서 대량 생산된 상품이 마침내 국내소비를 충분히 만족시키고도 남아돌게 되자, 기업과 정부는 그렇게 남아도는 상품을 해외에 파는 데로 눈을 돌리게 되었다. 자본주의는 기술혁신을 통하여 교통수단의 발전과 무기 체제의 다변화도 추동했다. 증기기관으로 움직이는 거대한 군함이 건조되는가 하면, 한꺼번에 수백 발씩 쏟아낼 수 있는 고성능 기관총도 만들게 되었다. 그리고 이러한 신종 무기를 해외시장을 개발하는 데 활용하기 시작하였다.

　기독교 선교를 지고의 사명으로 삼았던 유럽 국가들은, 하나님의

복음을 전파한다는 명분 아래 과학 문명이 상대적으로 덜 발달한 지역에 선교사를 보냈다. 이들은 사랑과 봉사라는 거룩한 뜻으로 빨강 책 한 권과 십자가만을 가지고 이들 지역으로 찾아들어 갔다. 16세기 아메리카 대륙에 첫발을 디딘 사람들도 믿음의 자유를 찾아 목숨을 걸고 찾아간 청교도들이었다. 처음 도착한 낯선 땅에서 먹을 것도 없이 겨울을 보내게 된 이들에게 먹을 것과 쉴 곳을 제공한 이들은 아메리카 원주민이었다.

일본을 처음 찾아온 서양사람들도 처음에는 빨강 책만 들고 왔다. 임진왜란 때 우리나라에 쳐들어온 고니시 유키나가小西行長(1555~1600)는 이미 네덜란드인에 의하여 그렇게 기독교인이 되었다. 유키나가의 군대와 함께 한반도에 들어온 포르투갈 신부 세스페데스Gregorio Cespedes(1551~1611)는 우리나라에 처음으로 발을 들여놓은 가톨릭 사제로 역사에 기록되어 있다.

중국이나 인도의 경우도 마찬가지였다. 16세기 인도의 고아Goa를 찾은 포르투갈 사제나, 명나라 때 중국에 온 이탈리아 신부들도 처음에는 빨강 책과 십자가만 들고 왔다. 그러나 아메리카 대륙의 원주민은 변방으로 쫓겨나거나 보류지保留地에 수용당했고, 인도는 오늘날 파키스탄, 스리랑카, 방글라데시까지 포함하여 동인도회사East India Company를 통해 영국의 식민지가 되었다. 중국은 아편전쟁 등으로 서유럽 열강의 각축장으로 전락, 마침내 청나라를 마지막으로 나라까지 잃게 되었다.

리빙스턴David Livingston(1813~73)도 빨강 책 한 권과 십자가를 가지고 아프리카에 들어갔다. 그리고 그를 찾으러 간 스탠리Henry Morton Stanley(1841~1904)는 그와 만난 다음 서유럽 열강들에 의해 '세 개의 C'를 실현한다는 목표로 제국주의의 앞잡이가 되었다. '세 개의 C'(3C)는 기독교화Christianization, 문명화Civilization, 상업화Commercialization를 뜻한다. 이렇게 시작된 아프리카 침공은 결국 그 땅을 영국, 프랑스, 독일, 포르투갈, 벨기에, 이탈리아의 식민지로 전락시켰고, 모국의 시장에서 넘쳐나는 상품의 시장으로, 그리고 싼 원료의 공급원으로 바꾸어 놓았다.

아메리카 대륙도 예외는 아니었다. 미국은 나폴레옹 전쟁의 전비 부담으로 어려운 사정에 있었던 프랑스로부터 루이지애나Louisiana를 사들였고, 러시아에서 알래스카Alaska를, 그리고 스페인에서 플로리다Florida를 사들였다. 물론 사들인 것도 있으나 빼앗은 것도 없지 않았다. 1899년 스페인과의 전쟁으로 쿠바를 손아귀에 넣었고, 필리핀을 거의 거저 빼앗았다. 4천만 달러를 주고 살 당시 필리핀 인구가 2천만이었으니 한 사람당 2달러를 주고 샀다고 지식인들은 비꼬았다.

멕시코가 스페인에서 독립하고 난 다음, 미국은 멕시코와 전쟁을 벌여 오늘날의 텍사스, 뉴멕시코, 아리조나, 캘리포니아 일부를 얻었다. 13개로 시작한 미국 성조기의 별 숫자는 오늘날 50개로 늘어났다.

오스트로 – 헝가리 황제의 동생 막시밀리안이 멕시코 황제로

유럽 열강들은 일찍부터 다른 나라에 관심 두고 있었다. 멕시코가 스페인으로부터 독립하고, 미국과의 전쟁에서 넓은 땅을 빼앗기자, 프랑스의 나폴레옹 3세는 멕시코에 꾸어준 돈을 받기 어렵게 되었다. 그러자 프랑스는 차관 상환을 거부하는 변호사 출신의 원주민 후아레스Benito Juarez(1806~72)의 혁명정부를 전복하기 위해 영국과 합작으로 군대를 동원, 오스트로-헝가리 황제의 동생 막시밀리안Maximilian(1832~67)을 멕시코 황제로 추대하여 그곳으로 보냈다.

막시밀리안 1세는 당시 악명 높았던 벨기에의 왕 레오폴드 2세의 누이동생 샬롯(스페인어로 칼롯타)을 아내로 맞아, 둘은 황제와 황후로서 1863년 멕시코에서 즉위하였다. 차관을 거의 회수한 프랑스와 영국은 멕시코에서 황제 노릇을 하면서 차관을 받게 만든 막시밀리안을 더는 보호할 필요를 느끼지 않게 되자 군대를 철수시켰고, 막시밀리안은 1867년 후아레스의 혁명군에 체포되어 처형되고 말았다. 멕시코를 제국주의 손아귀에 넣으려 했던 유럽 열강의 야망은 좌절되었고, 불우한 샬롯은 남편 막시밀리안이 포로가 되기 전해에 유럽으로 돌아와 오빠의 별궁에서 정신병을 앓다가 죽었다.

한편, 리빙스턴을 '발견한' 스탠리가 동쪽에서 서쪽으로 콩고강을 따라 아프리카를 횡단하였다는 소식이 들리자. 유럽은 새로운 영웅을 맞게 되었다. 스탠리는 오래전부터 아프리카의 빈 땅을 탐내왔던 벨기에 왕 레오폴드 2세의 앞잡이로 다시 콩고로 들어가 '레오폴드

빌'이라는 도시를 세우고, 레오폴드 2세는 '베를린 일반 협약'General Berlin Act이라는 잔꾀로 콩고를 황제 개인 소유의 '자유국가'로 만들었다. 이에 프랑스도 가만있지 않고 이탈리아게 프랑스인 탐험가 브라자Pierre Savorgnan de Brazza(1852~1905)를 시켜 콩고강 서쪽 하류에 '브라자빌 콩고'를 식민지로 얻게 되었다. 프러시아, 영국, 이탈리아, 포르투갈도 아프리카 곳곳에 식민지를 개척하면서 제국주의는 전성기를 맞게 된다.

당시 제국주의 하의 식민지에서는 식민 모국의 상품만 팔린 것이 아니라, 엄청난 양의 원자재도 거의 빼앗다시피 수집되었다. 특히 레오폴드 2세는 처음의 약속과는 달리 자유무역을 보장하지 않고, 원료 채취에 독점권을 행사하여 이익을 극대화하였다. 현지 주민을 노예보다도 더 나쁜 상태로 몰아붙이면서 고무, 구리, 상아 등의 생산을 독려하였고, 배당된 양을 채우지 못하면 손을 잘라 말린 다음, 구멍을 뚫어 목에 걸게 하였고, 어린 딸들의 발을 자르기도 했다. 집단 학살은 너무도 흔했다.

이렇게 극심한 공포 속에서 생산된 자원은 거의 강탈하다시피 유럽으로 반입되어 제국주의자들에게 막대한 이익을 보게 했다. 이러한 상황은 정도의 차이가 있을 뿐 프랑스, 영국, 독일의 식민지에서도 찾아볼 수 있었다. 복음을 전파하고, 문명을 전달하며, 상업을 융성시키겠다는 '3C'는 사기 수단에 불과하였다. 이러한 상황을 목격한 유럽 지식인들이 맹렬하게 자신들의 정부나 제국주의 상인들을 비난하였으나, 대다수 정부는 국익이란 이유로 이를 무시하였다. 아프리카의 여러 지역도 이렇게 1980년대까지 유럽의 횡포 아래 있었다.

아프리카에 이어 아시아에 뻗친 제국주의

열강의 이러한 제국주의적 쟁탈전은 마침내 아시아에까지 그 손길을 뻗쳐 미국은 1853년 흑선黑船, Black Ship 두 척을 몰고 와 일본을 강제해 개항하게 하였다. 여기에서 배운 일본은 청나라와 러시아와의 전쟁에서 이기면서 우리나라를 빼앗기에 이르렀다. 영국도 우리나라에 관심을 보여 1883년 거문도를 점령하였고, 일본과는 두 차례의 영·일 동맹으로 양보를 얻어내고, 러시아도 고종의 아관파천 이후 한반도에 관심을 보이면서 전초적 조치로 압록강 목재회사를 만들어 우리나라를 넘보았으나, 결국 러·일 전쟁에서 패하면서 물러났다.

청나라가 쇠약해지면서 프랑스는 인도차이나를 청의 영향력 밖으로 끌어내어 식민지로 만들었다. 제국주의는 자본주의의 발달과 더불어 막대한 부가 축적되자, 국력이 신장한 열강들이 함포와 상품을 가지고 경제적으로 덜 발달한 나라들을 식민지화하거나, 이른바 보호령으로 삼게 된 하나의 역사적 산물이었다.

홉슨J. A. Hobson(1858~1940)이 전개한 이러한 '자본주의의 논리'는 나중에 레닌Vladimir Lenin(1870~1924)에 의하여 '자본주의의 마지막 단계로서 제국주의'라는 단계론으로 발전하였다. 그 결과 아프리카의 모든 지역이 제국주의에 침탈당해 식민지화되었고, 아시아도 소수의 나라를 제외하고는 모두 식민지로 전락하게 되었다.

마르크스나 레닌은, 자본주의는 마지막 단계인 제국주의 단계를 지나면서 생산의 과잉, 대량 실업 등 때문에 노동자 혁명으로 멸망하게 된다고 보았다. 그리고 그 자리에는 사회주의가 들어설 것이라고 믿었다. 그러나 지구상에 새로이 등장한 사회주의는 예외 없이 자본주의가 가장 덜 발달한 지역, 곧 러시아, 중국, 인도차이나, 북한, 쿠바, 콩고와 같은 나라에서 독재와 부패, 또는 전쟁의 결과로써 성립되었다는 역설을 우리가 경험하게 되었으니, 마르크스나 레닌의 예언은 맞아떨어지지 않은 것이다.

우울한 학문, 경제학

모두가 사람이 하기 나름

경제학은 나라와 백성들의 부와 물질적 행복을 연구하는 학문이기 때문에 '행복한 과학'이라고 믿는 사람들도 있다. 그러나 이를 뒤집어 생각하면 사람들의 가난을 연구하는 학문인 셈이니 '우울한 학문'gloomy science이라고도 부른다.

한 나라가 물질적으로 어떠한가 여부로 그 나라 사람들의 생활 정도를 가늠할 수 있다. 대부분은 그 나라의 부존자원에 따라 경제 수준이 결정된다고 믿고 있다. 그러나 자원이 많은 나라도 가난할 수 있고, 자원이 없는 나라도 경제적으로 부유할 수 있다.

브라질, 멕시코, 아프리카의 여러 나라는 자원이 풍부해도 그렇게 잘 살지 못하고 있다. 반면 자원이 거의 없는 네덜란드, 스위스, 싱가포르는 상대적으로 더 잘 살고 있음을 우리는 확인한다. 과거 대체로 자원이 없으면서 육지로 갇힌 나라들은 못산다고 믿었다. 육지로 갇힌 나라란 바다를 접하지 못하는, 대륙 속에 있는 나라를 말한다. 네팔과 스위스가 그 대표 격이다. 이 나라들은 작다. 그러나 네팔은 가난하고, 스위스는 잘 산다. 왜 그럴까?

땅에 갇히고, 자원이 없어서 못사는 나라들이 잘 살려면 무엇으로 그 방법을 찾았을까? 열쇠가 있다. 경제활동에서 가장 중요한 요소는 사람이다. 부뚜막의 소금도 넣어야 맛을 내는 것처럼, 하늘이 내린 자원도 잘못 다루면 제구실을 못 한다. 제구실하게 하는 게 사람이다. 그래서 예부터 경제학에서는 노동, 곧 사람의 힘만이 가치를 창조할 수 있다고 믿어왔고, 그것을 이론적으로 정립한 것이 '노동가치설'이다. 그러나 사람의 힘만 가지고는 가치를 창조하는 데 부족하다. 땅을 파는 데도 부삽이나 곡괭이가 있어야 하고, 옷을 만드는 데도 바늘이 있어야 한다. 가난한 나라에는 이런 것이 없거나, 있어도 부족하다.

아름다운 산과 들이 있어도 그곳에 접근할 수 있는 길이 없거나, 이동수단이 없으면 그 아름다움을 즐길 수 없다. 또 그런 곳에서 묵을 수 있는 집이 없으면 가더라도 소용이 없다. 스위스나 네팔에는 아름다운 산과 들이 있지만, 옛날에는 가장 가난한 나라들이었다. 스위스 여행객들이 맛있다고 먹는 '퐁뒤'Fondue라는 치즈 음식도 스위스

산속 사람들이 낙농 제품을 갈무리해 오랫동안 먹을 수 있도록 한 저장식품에 불과하다.

이웃 유럽인들이 개고기를 먹었던 스위스 사람들을 야만인으로 몰아붙여도 그들은 개고기를 먹었다. 눈사태로 파묻힌 조난자를 구하러 다니는 세인트버나드라는 개는 덩치도 크고 순하다. 먹을 것이 절대적으로 모자라는 비상 상황이라면, 그렇게 영리한 스위스 사람들이 굶어 죽으면서까지 세인트버나드의 고기를 포기할 수 있을까? 그러니까 궁할 때는 개고기도 먹었다.

땅을 파기 위하여 부삽이 필요하고, 옷을 만들기 위해서는 바늘이 필요한데, 이런 물건들을 장만할 자원이 없다. 궁극적인 자원은 언제나 사람이다. 수천 년 역사를 통하여 사람들은 이런저런 이유로 싸움을 해왔다. 땅을 차지하기 위해서든지, 신앙을 지키기 위해서든지, 집안의 명예를 지키기 위해서든지 늘 싸워왔다. 인류 역사상 싸움을 한 횟수가 1만 3천 번 이상이라고 한다.

작은 나라가 사는 길 : 스위스와 네팔

아무것도 없는 나라 사람들은 이렇게 연속적으로 벌어지는 전쟁에 사람들을 팔아 먹고사는 지혜를 터득하였다. 바로 '용병'이다. 유럽에서는 스위스 사람들이 용병으로 가장 강했고, 또 신뢰도 컸다. 지금도 바티칸의 교황청을 지키는 수비대는 스위스 용병들이다. 네팔도 마찬가지다. 네팔의 구르카족은 용맹이 뛰어난 용병을 배출하는 종족이다. 그래서 구르카족 남성은 아시아 주요 나라에서 군인 노릇을 해주고 돈을 번다.

그렇게 번 돈으로 '본원적 자본축적'이 이루어지면 서서히 해외에서 자원을 사들여 이를 가공하는 산업이 발전하게 된다. 스위스의 시계산업이 대표적이다. 철강재를 수입해 이를 값비싼 시계로 만들어 팔면 부가가치가 어마어마하게 붙게 마련이다. 그렇게 번 돈으로 길을 뚫고, 다리를 놓고, 호텔을 지으면 그것이 관광산업을 선도하는 사회간접자본이 된다. 다시 한 발 더 나가 원자재가 필요 없는 금융업을 발전시키면 부자나라가 될 수밖에 없다.

금융업은 돈을 싸게 사다가 비싸게 파는 장사다. 그러면서도 다른 나라에 비해 사는 가격과 파는 가격 사이를 적게 만들면 돈이 많이 들어오고, 또 많이 팔리게 마련이다. 스위스의 금융업이나, 룩셈부르크, 리히텐슈타인, 싱가포르와 같은 작은 나라가 부자로 사는 길이 바로 여기에 있다.

네팔은 아직 이 단계에 이르지 못하였으나, 용병으로 신용을 쌓아 사회간접자본을 구축한 다음, 원자재가 필요 없는 금융업으로 발전하여 나간다면 잘 사는 나라로 바뀔 수 있을 것이다. 지금도 사회간접 시설은 빈약하지만 많은 관광객이 드나들고 있다.

네팔의 카트만두에 있는 미국계 자본인 쉐라톤호텔은 운영이 잘 되었었다. 그런데 이윤이 외국으로 빠져나가는 것을 목격하고 사회주의 경제학자들이 비판을 쏟아냈다. 그리고는 미국계 자본을 쫓아내고 자기들이 운영한다며 경영에 개입하다가 결국은 실패하고 말았다. "중국에도 없는 '마오 사상'이 아직도 남아 있는 나라는 네팔밖에 없다." 그 나라 경제학자들의 자조적 투정이다.

일단 사회간접자본이 구축되고 신용이 쌓이면, 자국의 이익을 보호하고 외국인을 차별하는 정책을 써도 경제에 부정적 영향을 주지 않는다. 스위스에 있는 국제결제은행은 거의 매달 회의를 여는데, 거기에 드는 비용은 모두 회원국의 중앙은행이 부담하므로 고스란히 스위스의 수입이다. 스위스 고속도로를 한번 지나가도 1년 치 통행권을 팔면 자국민은 1년 내내 쓸 수 있지만, 관광객은 한번 지나는데 1년 치 통행료를 내는 셈이다. 외국인들이 단골로 타는 융프라우 1회 왕복 열차 값도 스위스 국민 석 달치 전국 철도 운임보다 비싸다. 그래도 관광객은 몰려가서 돈을 펑펑 쓰고, 그 맛없는 퐁뒤를 사 먹어 본다.

전쟁을 벌이지 않고, 어느 나라 편도 들지 않는다고 하니, 많은 돈이 여기로 몰려온다. 비밀을 지켜주는 은행 계정 때문이다. 여기에 돈을 맡겨 두었던 많은 유대인이 나치에 의해 학살당하자, 그 돈은 고스란히 스위스의 돈이 되었다. 물론 전후 몇 푼을 이스라엘에 던져 주기도 하였지만, 세계 독재자들의 더러운 돈은 지금도 이곳으로 몰리고 있다. 박정희의 숨겨진 돈을 김형욱이 빼먹다가 행방불명되었다는 설도 이곳의 비밀계정과 관련이 있다고 한다.

자원이 없는 나라도, 해외로 진출하기 어려운 땅에 갇힌 나라도 잘 사는 방법은 모두 사람의 머릿속에 있다. 구태의연한 이념과 전통에 집착하고 이를 고집하면, 경제는 발전할 수 없고 가난에서 벗어날 수 없다. 물까지 수입해 먹고사는 싱가포르의 경우가 이를 반증한다. 이념을 훌훌 털어버리고, 사람들의 무한 상상력에 경제를 맡기면 된다. 싱가포르에는 종교와 관련한 공휴일이 없다. 기독교, 불교, 회교, 힌두교를 믿는 다양한 사람들이 함께 살면서, 언어도 말레이어, 힌두어, 중국어, 영어가 공존하기 때문에 어떤 이념이나 전통에 매달려 있을 수가 없는 것이다.

독일파견 광부·간호사, 월남파병 군인의 외화벌이

우리나라는 자원은 없고, 사람은 많은 데다가 북쪽은 뚫기 어려운 휴전선으로 막혀있다. 3면이 모두 바다다. 남의 나라 땅을 밟지 않고 해외로 진출할 수 있다는 점에서는 땅에 갇힌 나라와는 다르지만, 못 살았다는 점은 같다. 그래서 우리나라는 사람을 팔아 돈을 벌 수밖에 없었다.

베트남전에 군인을 파병한 것도 하나의 방법이었다. 국군 병사의 월급은 우리나라가 아니라 미국이 지급했다. 미국이 건네준 돈도 전액 병사에게 주지 않고 상당 부분 나라가 챙겼다. 국군 병사들이 그곳에서 사용한 총도, 총알도, 자동차도, 식량도 모두 미국이 대 주었다. 그 덕분에 우리 기업 몇몇은 월남전과 관계된 사업에서 돈을 벌어들였다. 많은 병사가 그곳에서 죽고 다쳤으니, 우리나라도 피를 팔아 돈을 벌었다는 것에는 가난했던 다른 나라들과 다를 바 없다.

그뿐이랴. 서독에 보낸 광부·간호사, 미국에 보낸 의사·간호사들은, 군인은 아니었으나 군인 이상으로 고생했다. 그렇게 벌어들인 돈이 고스란히 우리나라로 송금되었다. 심지어는 서독으로부터 차관을 얻어올 때 광부와 간호사들이 받는 임금을 담보로 하기도 했다. 물론 서독에는 우리나라 광부만 가 있었던 것은 아니다. 동유럽의 여러 나라, 튀르키에도 광부를 보냈다. 그러나 생산성만은 우리나라 광부가 최고였다. 그리고 계약이 끝나고 귀국한 비율도 우리나라 광부가 최고였다. 독일이 지금 잔류한 튀르키에 사람들과의 불협화음 때문에 사회적으로 어려움을 겪고 있는 것은 바로 이러한 사실을 역력히 지적하고 있다. 가난한 나라가 살 수 있는 어쩔 수 없는 길이었다.

못사는 나라가 목숨을 담보로 먹고사는 것보다, 제국주의 침탈은 자기 나라에서 목숨을 빼앗기는 최악의 상황이라 할 수 있다. 제국주의가 19세기에만 있었던 것이 아니다. 레오폴드 2세의 벨기에 정부로부터 핍박을 받던 콩고가 1960년 독립하게 되자, 콩고 국민은 맨발로 편지를 배달하던 집배원 루뭄바Patrice Lummumba(1925~61)를 수상으로 뽑았다. 루뭄바는 수상이 되자마자 "콩고는 정치적 독립뿐만 아니라 경제적 독립도 쟁취해야 한다"고 주장하였다. 당시 콩고의 모든 자원을 독점하여 가져가고, 또 자기네 상품을 콩고에 팔아오던 미국과 벨기에로부터 경제적으로 독립할 것을 국민에게 호소한 것이다.

그러하니 미국과 벨기에가 루뭄바의 탈식민 정책을 반가워할 리 없었다. 두 나라가 등을 돌리자 루뭄바는 할 수 없이 소련에 접근하여 공산화의 경향을 보이자, 미국은 그를 축출하기로 결정했다. 미국은 거액의 공작금을 들여 루뭄바 정부를 무너뜨리고 그를 구속하였다. 루뭄바는 감옥에서 탈출했다가 6개월 만에 붙잡혀 무참히 구타당하고는 암살되었다. 그의 시신은 너무나도 참혹하여 가족에게 인도하지도 않고 처리되었다.

루뭄바의 후임은 미국의 꼭두각시 모부투 Mobutu Sese Seko(1930~97)였다. 그는 대통령 자리를 차지하고는 학정을 펼쳐 식민지 치하보다도 경제적으로 더 어렵게 만들었다. 모부투는 끝없는 부정 축재로 돈을 끌어모아, 프랑스의 리비에라 해안 맞은편의 레오폴드 2세의 별궁에 버금가는 별장을 소유하기까지 했다. 32년에 걸친 모부투의 지배는 콩고를 세계에서 가장 못사는 나라로 전락시켰다. 콩고는 현대판 제국주의 침탈의 실상이었다.

외자 - 경제도 일으키고
정치인 주머니도 채우고

외국에서 꿔오는 돈 '삥땅' 뜯기

용병이나 노동자 '수출'과 같은 방법 외에도, 경제개발이 어려울 때 부자 나라에서 돈을 꾸어와 경제를 발전시키자는 아이디어가 '외자 도입'이다. 외자 도입에는, 돈을 꾸어오는 '차관'이 있고, 바로 외국인이 직접 투자하도록 하게 하는 '외자 투자'가 있다. 그러나 어느 것이나 쉬운 일이 아니다. 그리고 어렵게 들여온 돈을 정부가 어떻게 활용하느냐에 따라 그 성패가 좌우되었다.

우리나라도 1962년 '외자도입촉진법'을 만들어 외국자본을 유치하기 시작했다. 그러나 전쟁으로 황폐해진 데다가 경험도 없는 나라에 돈을 꾸어주겠다는 곳은 많지 않았다. 정부는 돈을 꾸어오는 거간에게 많은 수수료를 주면서까지 애를 썼다.

당시 '경제기획원'이라는 부서를 두어 외자 도입을 주도하였다. 기본적인 국력의 지표가 되는 인구를 정확히 파악하기 위하여 내무부 산하 '통계국'을 경제기획원 산하 별국別局으로 옮겨 처음으로 현대식 총인구조사를 실시했다. 인구가 많으면 식량도 많이 소비되기 때문에 불리한 점이 없지 않았다. 그러나 먹는 입은 하나이지만, 일하는 손은 두 개다. 두 손을 어떻게 활용하느냐에 따라 경제에는 유리할 수 있다.

처음에는 먹을 입을 줄이려고 '가족계획'이라는 것을 앞세워 아이들 덜 낳기를 장려하였다. 그러나 다른 자원이 없는 우리나라는 사람이라는 자원이 가장 중요할 수밖에 없다. 되돌아보면 세계적인 운동선수, 음악가, 예술인들이 벌어들이는 돈은 자동차 수천 대, 가전제품 수만 대를 판 액수보다 훨씬 더 많다. 바로 사람이 자원이라는 증거다.

그러나 사람만 가지고는 생산에 한계가 있다. 맨손으로 흙을 파기보다는 부삽으로 파는 것이 더 빠르고, 부삽보다 포클레인으로 파는 것이 훨씬 빠르다. 등짐으로 나르는 것보다 지게가 있으면 더 많이 나를 수 있고, 화물자동차가 있으면 더더욱 많이, 그리고 빠르게 나를 수 있다. 노동이 자본과 더불어 일할 때 생산성이 더 커지는 것은 당연하다. 그러면 이러한 자본재는 어떻게 해서 만들어지나?

한 나라에서 만들어지는 것 가운데 소비되지 않고 저축으로 남는 부분이 바로 투자이며 자본재 생산이다. 너무 가난해서 저축할 수 없으면 자본축적이 이루어질 수 없다. 가난하기 때문에 생산이 모두 소비에 충당되어 자본이 축적되지 못하기 때문에 다시 생산이 늘 수 없고, 생산이 늘 수 없어서 다시 가난해지면 또다시 자본축적이 불가능하여지게 마련이다. 바로 '가난의 악순환'vicious cycle of poverty이라 부르는, 가난한 나라의 전형적인 모습이다.

자신의 능력으로 저축을 할 수 없어 '빈곤의 악순환'의 꼬리를 잘라낼 수 없다면, 다른 나라가 저축한 것을 빌려오는 수밖에 없다. 이것이 외자 도입의 논리이다. 우리나라도 다른 나라가 저축한 것을 빌려오기로 했다. 그러나 우리나라에는 나쁜 경험이 있었다. 대한제국 말 돈을 외국에서 꾸어와 생산을 늘려보려 하였으나 성공하지 못하였다. 그래서 '국채보상운동'이라는 것을 해서 안간힘을 다하여 빚을 갚아보려 하였으나 성과가 없었다. 그리고 이러한 과정에서 나라까지 빼앗기고 말았다.

이러한 역사적 경험을 기억하는 여러 비판적 지식인들이 외자 도입은 곧 망국의 길이 될 수도 있다는 생각을 하게 되었다. 그러나 외자 도입을 결정한 정부는 매우 건전한 생각을 하고 있었다. 투자로 생산을 늘리되, 상대적으로 외국 원료를 덜 의존하는 산업에 주안점을 두었다.

원료 없이 공기 중의 질소를 가지고 화학비료를 만들면, 농업 국가였던 우리나라 경제에 크게 도움이 되는 것은 물론이다. 화학비료는 퇴비와 봄에 솟아나는 나무 잎사귀를 잘라 비료로 썼던 우리나라 농업의 생산성을 크게 바꾸어 놓았고, 식량 자급에도 기여했다. 나중에는 남는 것을 해외에 팔아 돈을 벌어들였다. 시멘트 산업도 좋은 예이다. 우리나라에 무진장으로 묻혀있는 석회석을 가공하여 시멘트를 생산했고, 이 시멘트는 바로 건설업에 투입되어 우리나라 사회간접자본을 형성하는 데 크게 이바지하였다. 그리고 이 또한 남는 것을 수출하여 외화를 벌어들였다.

물론 성공만 한 것도 아니다. 정치인들과 유착하여 비싼 값으로 돈을 꾸어왔고, 그중 일부를 정치자금으로 빼돌린 예도 없지 않다. '백설 작전' White Snow Operation이라고 불렸던 서울의 제1호 지하철 공사 때 일본으로부터 차관을 받았다. 그러나 당시 일본 야당은, 양국 간에 국제 시세의 세 배인 이자액이 뒷거래되었고, 그 차액은 공화당 정부의 정치자금으로 유입되었다고 폭로했다. 정치인은 돈이 필요했고, 그 돈은 차관 금액에 부풀려지면서 묻어 들어온 것이다.

바나나 공화국 온두라스

외자와 관련된 나쁜 사례는 세계 여러 곳에서 찾아볼 수 있다. 1821년에 독립한 온두라스는 흔히 '바나나 공화국' Banana Republic이라는 수치스러운 이름을 얻었다. 이 배경에 러시아에서 이민 온 젊은 미국인 사무엘 제무레이 Samuel Zemurray(1877~1961)라는 유대인이 있었다. 그는 새로이 정착한 앨라배마에서 수레를 끌고 다니며 장사를 하던 행상이었다. 18세가 되던 1895년, 그는 앨라배마의 모바일 항에 기착한 보스턴 과일 화물선의 바나나가 너무 익어 상품화될 수 없는 것들이 버려지는 광경을 보고, 그 바나나를 거의 거저 얻다시피 하여 기차에 실어 내륙 곳곳에서 헐값에 팔았다.

너무 익기는 했지만 짧은 시간에 미국 내륙 시장에 도착하여 소비자에게 전달된 바나나는 인기가 높았고, 그는 21세에 10만 달러가 넘는 돈을 저축할 수 있었다. 이 돈으로 그는 온두라스 해변에 5천 에이커의 바나나 농장을 개척하였고, 낡은 배 두 척을 사들여 '쿠야멜 청과회사'Cuyamel Fruit Company를 창립하였다. 제무레이는 자기 사업이 번창 일로일 것이라고 예상했으나, 온두라스 경제는 혼미 상태를 벗어나지 못하였다.

온두라스 정부는 1821년 독립 이후 300여 차례의 혁명, 내전, 정변 등을 겪어 불안정하기 짝이 없었다. 이때마다 온두라스 정부는 금융업의 중심인 영국에서 감당하기 어려울 정도의 차관을 도입하였고, 온두라스의 차관 상환이 연체되자 영국은 군대를 동원하여 온두라스를 공격하려 했다. 그러나 미국은 자기 나라 주변의 국가들에 대한 군사 활동을 인정하지 않았다.

태프트William Howard Taft(1857~1930) 미국 대통령은 국무장관인 녹스Philander Knox(1853~1921)에게 금융회사 'JP모건'이 온두라스에 대한 영국의 채권을 달러당 15센트에 사들이게 하라고 지시했다. 온두라스와의 계약에 따라 모건은 온두라스 세관에 직원을 파견, 수입 및 수출관세를 대신 거두어, 그 돈으로 차관을 탕감하려 하였다. 모건은 온두라스 정부와의 협약에 따라 바나나 농장 개발용 장비와 원자재도 무관세로 도입했다.

그러자 이 정책으로 온두라스에서 바나나를 사서 미국 시장에 팔던 제무레이의 쿠야멜 청과회사는 큰 난관에 부딪혔다. 모건이 수출용 바나나에 파운드당 1센트의 관세를 부과하기 때문에 바나나값이 폭등할 수밖에 없었다. 제무레이의 쿠야멜 청과회사는 그대로 두면 망할 수밖에 없었다. 제무레이는 워싱턴의 녹스 국무장관을 방문하여 항의했으나, 오히려 "나라를 위해 모건을 도우라"라는 훈계만 듣고 돌아왔다.

그 뒤 녹스 장관은 제무레이가 다른 짓을 벌이지 못하도록 비밀요원을 풀어 미행 조사하게 했다. 그러나 제무레이는 포기하지 않고 자구책을 강구하였다. 모건에게 관세를 거두게 만든 온두라스 대통령 다빌라Miguel Davila(1856~1927)를 축출하는 작업이었다. 마침 대통령 자리에서 쫓겨난 전직 온두라스 대통령 보닐라Manual Bonilla Chrinos(1849~1913)가 뉴올리언스에서 돈 한 푼 없이 거지처럼 살고 있었다.

제무레이는 미 국무장관 녹스가 붙인 비밀요원의 눈을 피해 무기를 사들이고, 용병을 모집하여 마침내 보닐라를 온두라스에 입국시킨 후, 현 대통령이 온두라스의 주권을 모건 금융회사에 팔아먹었다고 거짓 여론을 선전해 보닐라가 대통령으로 선출되도록 올인all-in

했다. 마침내 보닐라는 압도적 표차로 대통령에 당선되었고, 제무레이는 이 대가로 온두라스 정부로부터 25년 무관세 바나나 수출 계약, 50만 달러 대출 승인, 바나나 농장 24,700에이커 무상 공여 혜택을 얻어냈다.

이 특혜로 제무레이는 온두라스에서 땅을 가장 많이 소유한 부자가 되었고, 그의 바나나 사업은 번창 일로로 뻗어 나갔다. 그의 사업은 온두라스에서만 끝나지 않고 중미 국가 여러 곳에 퍼져나가 니카라구아, 과테말라, 멕시코, 콜럼비아, 쿠바에까지 그의 영향력이 넓혀졌다.

'유나이티 청과회사'United Fruit Company는 보스턴에 본사를 둔 미국 최대 청과회사 가운데 하나였는데, 제머레이는 나이가 들자 쿠야멜 청과회사를 유나이티드 청과회사에 매각, 합병해 그 회사의 주식을 받고 은퇴 생활에 들어가려고 하였다. 1929년의 대공황은 유나이티드 청과회사의 주식을 거의 10분의 1 수준으로 하락시켰고, 보스턴에서 귀족적으로 경영하던 유나이티드의 임원들은 현지 사정을 무시하며 회사를 경영, 파산 상태에 빠지게 되었다.

제머레이는 주주총회에서 이를 바로잡으려 했으나, 소주주에 불과한 '러시아계 유대인'의 목소리를 대주주들은 들으려 하지 않았다. 이에 분개한 제머레이는 군소주주들을 설득, 주주총회에서 의결권을 위임받아 사장 자리를 빼앗다. 무능한 보스턴 '양반'들로 채워진 경영진은 하루아침에 회사에서 축출되었고, 뉴욕 타임스는 이를 '고래를 삼켜버린 물고기'라고 대서특필하였다.

중미 나라의 대통령은 미국 마음대로

중미의 사정은 만만치 않았다. 1951년 과테말라의 새로운 대통령으로 선출된 아르벤즈Jacobo Arbenz Guzman(1913~71)은 원래 좌파의 중심인물이었다. 그는 미국 자본가들에 의해 자국 경제가 좌지우지되는 것을 방치하지 않고 이를 개혁하기로 하였다. 1945년 아레발로 Juan Arevalo(1904~90)가 대통령에 당선되자, 아르벤즈는 그 밑에서 국방부 장관을 맡았다. 당시 과테말라 사유지의 85%는 미국인이 소유하고 있었는데, 그 대부분을 유나이티드 청과회사가 가지고 있었다.

아르벤즈는 대통령에 취임하자마자 미국인 소유 사유지의 대부분을 국가가 싸게 매입하는 방법으로 토지 국유화 정책을 시행했다. 이 정책으로 가장 큰 손해를 본 회사가 유나이티드 청과회사였고, 이를 해결하기 위해 이 회사는 미국 정부를 설득, 아르벤즈를 축출하는 공작을 폈다. 아르벤즈 통치하의 과테말라 좌파 정부는 반도反徒를 소탕하기 위해 체코슬로바키아에서 무기를 몰래 수입하려 했는데, 무기를 실은 배가 미국 정보기관에 발각되고, 미국은 이를 계기로 아르벤즈 정부를 무너뜨리고 친미주의자 디아즈Carlos Diaz(1915~2014) 장군을 옹립했다.

아르벤즈는 대통령궁 맞은 편에 있는 멕시코 대사관으로 피신하였다가, 자기 아버지의 고향인 스위스로 갔다가 다시 프랑스, 체코슬로바키아, 소련으로 망명처를 옮겼으나 모두 만족하지 못했다, 그는 마지막으로 콜럼비아를 망명처로 택했는데, 그곳에서 알코올에 중독되어 1971년 목욕탕에서 위스키병을 끌어안은 채 시체로 발견되었다. 국제적 채무인 차관, 자본의 힘, 미국 제국주의가 얼마나 비정한지를 드러내는 본보기였다.

공산주의 경제의 작동 원리

볼셰비키 러시아의 탄생

농노해방 이후 러시아는 극도로 혼란한 사회로 변해 갔다. 젊은 농노에서 새로이 자유인이 된 부류들은 도시로 떠나 막노동을 하게 되었고, 갈 곳 없는 늙은 농노들은 지주 밑에 남아 밥이나 얻어먹으며 연명할 수밖에 없었다. 이는 곧 농업부문의 생산성 저하를 초래했고, 식량 생산은 줄어들었다. 고르키Maxim Gorki(1868~1936)의 희곡 〈밑바닥〉은 도시에 모여든 가난한 사람들의 삶을 적나라하게 묘사하고 있고, 체호프Anton Chekhov(1860~1904)의 〈체리 농장〉은 농원을 유지할 수 없는 지주들의 절망과 좌절을 그리고 있다.

이 무렵 지식인들 사이에서는 '경자유전耕者有田의 원칙'에 따라 땅을 농민에게 돌려줘야 한다는 운동이 벌어지고 있었다. 러시아에서는 '나로디니키Narodniki'라고 부르는 민중주의자들 사이에서 군주제를 타도하고, 프랑스 혁명 후 서구 여러 나라처럼 공화국을 세우려는 시도가 형성되고 있었다. 특히 마르크스-엥겔스의 〈공산당 선언〉과 『자본론』 출간 이후 이러한 사조가 다수 지식인 사이에서 팽배하고 있었다.

알렉산더 2세가 암살되고 제위를 계승한 알렉산더 3세는 부왕의 사망이 신의 계시대로 통치하지 않은 잘못에 있다고 믿었다. 농노제는 신이 정해 준 제도임에도 불구하고 농노들을 해방한 것은 신의 뜻을 위배하는 행위라고 본 것이다. 알렉산더 3세는 이에 따라 반사회적 지식인들에 매우 강경한 태도를 보였다. '스톨리핀의 넥타이'는 당시 교수형을 자주 집행한 수상의 이름을 딴, 교수형 때 사용하는 밧줄의 고리를 지칭하는 단어가 되었다. 알렉산더 3세의 암살을 시도한 사건도 있었다. 암살을 시도했으나 실패한 사람 가운데 한 명이 율리아노프Alexander Ilich Ulyanov(1866~87)로, 나중에 혁명을 성공시킨 레닌이 그의 동생이다. 그는 암살 시도 죄로 21세에 처형되었다.

술을 좋아하였던 알렉산더 3세는 암살에서는 살아남았으나, 술 때문이었는지 젊은 나이에 성인병으로 죽었다. 1894년 스물여섯이었던 그의 아들 니콜라이 2세는 황제가 될 준비가 되어있지 않았다. 총각이었던 니콜라이는 부왕이 죽자 제위에 오르면서 혼인을 준비해야 했고, 부친상을 탈상한 1896년에 대관식과 함께 결혼하게 되었다.

헷세-다름슈타트Hesse-Darmstadt의 공녀公女였던 알렉산드라Alexandra는 니콜라이에게 시집오면서 더불어 많은 불행을 가져왔다. 영국 빅토리아 여왕의 외손녀이기도 한 알렉산드라는 영국 왕실의 고질병이었던 혈우병hemophilia의 유전자를 보유하고 있었다. 혈우병의 유전자는 색맹의 유전자처럼, 여자에게는 잘 나타나지 않고 남자에게만 자주 나타나는 독특한 유전자였다.

대관식과 혼인 축하가 겹쳐진 그 행사는 러시아 황실의 커다란 잔치였고, 이 행사를 축하하기 위해 황실에서는 모스크바의 코딩카 초원Kodingkha meadow에서 전국에 퍼져 있는 걸인들까지 초대하는 엄청난 규모의 잔치를 벌이기로 했다. 이에 공산주의자 중심의 반체제 세력이 잔치에 음식과 술이 모자랄 것이라는 거짓 소문을 퍼뜨렸고, 이 헛소문을 믿고 몰려든 군중들이 서로 쓰러지고 밟는 바람에 2천여 명이 압사하고 말았다.

잔치는 비극으로 끝나 니콜라이 2세의 출발은 불운한 미래를 예고하는 것처럼 보이고 말았다. '우리 선왕의 영구마차 뒤를 따라 들어온 독일 여자' 알렉산드라는 러시아인들의 저주 대상이 될 수밖에 없었다.

레닌은 카잔 대학교에 들어가자마자 학생 시위에 연루되고, 알렉산더 3세 암살 음모로 처형된 율리아노프의 동생이라는 사실이 밝혀지면서 바로 대학에서 퇴학당했다. 그는 집안에 틀어박혀 독학으로 책을 읽으면서 자연스럽게 마르크스주의자가 되었다. 레닌은 어머니의 탄원으로 사법고시를 보아 변호사 자격을 얻었으나, 변호사 일에는 관심이 없고, 공장 지역을 찾아다니며 노동운동을 하기 시작하였다.

거기서 만난 동지 크룹스카야Nadezdha Krupskaya(1869~1939)는 레닌이 반체제 운동으로 체포되어 시베리아 유형이 확정되자, 당시 러시아 형법으로는 배우자가 유형지에 따라갈 수 있다는 조항에 근거하여 결혼, 레닌과 함께 시베리아로 떠났다. 이렇게 두 사람은 평생의 혁명 동지가 되었다. 유형에서 풀려난 레닌 부부는 유럽으로 망명하여 혁명운동을 계속하였다. 러시아 혁명을 일으킨 3인방 레닌, 트로츠키, 스탈린은 그즈음에 만났다.

피의 일요일

러시아의 사정은 날이 갈수록 나빠지고, 마침내 1905년 1월 22일, 비극적인 '피의 일요일' 사건이 터지게 된다. 노동시간 단축, 초등교육의 의무화 등을 주장하며 이 날 가폰Georgy Gapon(1870~1906) 신부가 주도한 시위는 시위대를 향한 무차별 사격으로 대참사가 되고, 그 참사는 마침내 더 큰 시위와 혁명으로 연결되어 러시아에서 최초로 '두마'Боярская дума라고 부르는 의회가 창설되기에 이르렀다.

'피의 일요일'의 참극은 일단 정부의 양보로 수습이 되는 듯했다. 헷세-다름스타트에서 시집 온 알렉산드라는 황실의 바램과는 반대로 딸만 넷을 낳고, 다섯 번째로 그렇게 바라던 아들 알렉세이Alexei를 낳았다. 그러나 알렉세이는 혈우병을 갖고 태어나는 바람에 배꼽을 자르는 순간부터 피가 멈추지 않고 계속되면서 아물지 않았다. 혈우병은 당시는 난치병 가운데 하나였다.

오늘날의 보스니아-헤르체고비나의 수도 사라예보는 옛 오스트리아-헝가리 제국의 속방이었다. 도시 한복판을 흐르는 밀랴치카 강 위에는 다리가 여럿 있었고, 이 가운데 있는 라틴 다리는 도심 교통의 요지였다. 1914년 6월, 큰아버지인 프란츠 요셉 황제를 대신하여 열병식에 참석한 페르디난트 대공 부부는 바로 이 다리 옆에서 총에 맞아 죽었고, 이로써 제1차 세계대전이 터지게 되었다. 이때는 이미 전 세계로 공산주의 사상이 널리 퍼졌고, 러시아에서도 비밀리에 공산당이 출범해 있었다.

레닌은 오스트리아-헝가리의 속방이었던 폴란드의 크라카우 근교에서 망명 생활을 하던 중 전쟁을 맞게 되었다. 그는 곧 오스트리아-헝가리 제국 정부에 의해 적국 시민으로 체포되었으나, '공산주의자'라는 이유로 국외 추방되어 스위스 취리히로 이주하였다. 레닌은 거기에 머물면서 러시아의 적국이었던 독일 정부로부터 비밀리에 활동 자금을 받았다. 1917년 3월 러시아 황제 니콜라이 2세가 퇴위하고 '케렌스키 과도정부'가 등장하자 레닌은 혁명 동지들과 함께 독일 정부가 비밀리에 제공한 열차를 타고 러시아에 입국하였다.

상트페테르부르크의 핀란드역에 도착한 레닌은 수많은 군중의 환영을 받으며 '4월 테제'April Theses를 선포, 케렌스키 정부는 진정한 노동자와 농민의 정부가 아니라고 역설한다. 1917년 10월 25일, 레닌은 혁명에 성공, 러시아에는 공산주의 정권이 들어서게 되었다.

당시 러시아 달력은 율리우스력으로, 우리가 사용하고 있는 그레고리력에 비하여 13일이 늦기 때문에 실제 혁명일은 10월 25일이 아니라 11월 7일이 된다. 레닌은 혁명에 성공한 1918년 2월, 공식적으로 그레고리력을 쓰기로 했기 때문에 '10월 혁명'은 새 달력으로는 '11월 혁명'이 된다. 따라서 '10월'이나 '11월'을 붙이기보다는 '볼셰비키 혁명'이라고 쓰는 것이 통상적이었다.

4년마다 하루씩 추가하여 날짜를 조정하다 보면, 지구의 공전주기가 정확히 365일 6시간보다 조금 짧게 되므로 128년마다 윤년을 도입해 추가 날짜를 하루 빼야만 지구의 공전주기가 달력과 맞게 된다. 율리우스력은 이것을 몰라 보완하지 않았고, 그레고리력은 이러한 지구의 공전주기를 정확히 알았기 때문에 이를 조정한 것이다.

전쟁이 절정에 이르면서 니콜라이 2세가 사령관으로 전선에 나가 있게 되자, 후방에서는 수도 상트페테르부르크를 중심으로 반체제 운동이 심화 되었다. 그리고 알렉세이 황태자의 병환을 기화로 요승妖僧 라스푸틴Gregory Rasputin(1869~1916)이 득세하면서 러시아 정국은 혼미 상태에 빠져들었다. 라스푸틴의 권력 남용을 과장해 선동한 공산주의자들은 정국을 더 혼미하게 만들었고, 마침내 혁명에 성공하자 독일과 약조한 대로 조국 러시아를 배반하는 종전 협정을 체결하였다.

러시아 내부에서도 혁명에 반대하는 백군白軍(멘셰비키)과의 전쟁,

폴란드 독립전쟁, 토지 국유화에 반대하는 코사크와의 전쟁 등 레닌은 동시에 세 개의 전쟁을 치르면서 자신만만하게 진행했던 볼셰비키식의 국유화는 러시아 경제를 최악으로 몰아넣게 되었다. 그래서 레닌은 '신경제정책'이라는 이름으로 볼셰비키 식의 국유화를 보류하고 부분적으로 시장경제를 활성화했으나, 1923년에 돌연 성인병으로 사망하였다.

그런 와중에서도 레닌은 니콜라이 2세의 가족 다섯 명과 시녀, 주치의를 에카테린버그로 추방하였다가 1918년 6월 재판도 없이 학살함으로써, 러시아의 로마노프 왕조는 역사 속으로 사라지고 말았다. 지구상 최대의 동물농장이 출현한 것이다.

소련식 국가체제에서 일어나던 풍경

레닌이 사망한 뒤, 스탈린, 트로츠키Lev Davidovich Trotsky(1879~1940), 카메네프Lev Borisovich Kamenev(1883~1936), 지노비에프Grigory Zinoviev(1883~1936) 등 사이에 권력 투쟁이 치열하게 벌어졌다. 그러나 스탈린이 득세하여 나머지 모두를 잔인하게 숙청하고 그의 독재가 시작되면서 1936년 소련 체제는 자리를 잡았다.

우선 모든 생산수단과 토지, 부동산 등이 국유화되고, 소비재만이 사유화될 수 있는 사회주의 체제로 바뀌었다. 대지주들이 소유하고 있었던 땅은 국영 농장으로, 소지주의 땅은 모아서 집단 농장으로 바뀌었다. 모든 생산시설, 은행, 철도를 중심으로 한 교통수단, 공장, 광산 등도 국가 소유가 되었다. 새로 제정된 헌법에 "일하지 않는 자는 먹지도 말지어다"라는 문구가 들어가면서, 노동에 의한 근로소득 외에는 일체의 이자, 이윤, 지대, 임대료, 인세. 사용료 등의 자본소득이 사라졌다. 또한, 아주 제한적인 소비재 시장만 빼놓고 금융시장, 노동시장, 자본재시장도 모두 사라졌다.

정부 조직도 여기에 맞추어 바뀌었다. 민주주의를 표방하면서 국회 격인 '전인민대의원회'가 설치되었다. 전국에 걸쳐 하나의 거대한 후보자 명단이 만들어지면, 인민은 그 명단을 받아들일지 말지만 투표하면 되었다. 투표는 전국 어디서나 가능하고, 찬성하면 흰 통에, 반대하면 검은 통에 투표지를 넣으면 되었다. 공산주의 말기 알바니아의 선거도 유권자의 99% 투표, 98%의 찬성으로 인민대의원들이 선출된 바 있다.

이렇게 선출된 대의원은 적게는 수백 명, 많게는 수천 명이 되기 때문에 당연히 회의가 제대로 진행될 수 없었다. 그래서 이 가운데에서 간추려진 소수를 다시 선출하는데, 100명 내외로 선발된 이들 '집행부'Presidium가 '전인민대의원회'를 운영하고, 이 '집행부'의 의장이 형식상으로 국가수반이 되고, 다시 수상을 비롯한 각 부처의 장관에 해당하는 상相을 뽑아서 내각을 구성했다.

소련식 공산주의 국가에서는 대체로 50개 정도의 부처와 장관이 있지만, 7, 8개 부처를 제외하고는 모두 경제기구이다. 이론적으로는 시장이 존재하지 않기 때문에 모든 생산과 분배, 그리고 소비는 경제부처에서 일일이 행정적으로 결정할 수밖에 없다. 외무부, 법무부, 국방부, 문화부 등은 생산 외의 행정을 담당하는 비경제부처이고, 석탄부, 중공업부, 경공업부, 전력부, 소비상품부 등은 경제부처이다. 서방 국가의 '과'나 '계'에 해당하는 업무가 소련식 공산주의 국가에서는 장관급에서 행해지고 있다. 중요한 경제계획을 수립하기 위한 국가계획위원회, 중앙은행도 내각에 포함되어 있으며, 사법부에 해당하는 최고재판소, 인민재판소도 '집행부' 산하에 있다.

정부 부처를 뒷받침하는 조직이 당이다. 흔히 공산당 또는 노동당이라고 부르는 조직에서 당원이 되려면 젊은 나이에, 빠르면 12세부터 유년 당원 또는 청소년 당원으로 시작하여 당에 충성심을 보이고, 당원으로서의 활동을 거쳐 대개 22세가 되면 정식 당원 두 명의 추천을 받아 입당하게 된다. 공산당원으로 입당하게 되면 당비 납부의 의무가 있으며, 당의 회의와 활동에 참여할 수 있는 권리를 갖는다.

당원은 당의 업무에 대한 철저한 준수와 복종의 의무를 갖는다. 당의 명령은 개인이나 가족에 대한 어떠한 의무보다 앞선다. 당원의 의견을 수렴하는 기구로는 '공산당 전당대회'가 있다. 물론 당원 전체가 모일 수 없으므로 당원 2천 명에 1명의 대의원을 뽑아 전당대회에 파견한다. 그래도 대의원의 숫자가 너무 많으므로, 전당대회는 100명 정도의 중앙위원을 선출하여 '중앙위원회'에서 치르게 된다. 중앙위원회는 정위원 100명과 후보위원 100명으로 운영하며, 투표권은 정위원에게만 있으므로 중앙위원회는 실상 100명이 운영하는 것이다.

중앙위원회 산하의 서기국과 정치국은 수명의 위원들로 구성되고, 서기국에서 제일 높은 서기인 총서기 또는 제1서기가 서기장으로서 당의 대표가 된다. 서기국은 당의 매일매일의 업무를 통할하고, 정치국은 당의 진로, 이념, 철학 등을 다룬다. 서기국의 위원이나 정치국의 위원은 겸임할 수 있어, 공산국가에서는 당의 서기국 총서기 직함과 정부의 집행부 의장이나 수상의 자리를 차지하는 자가 실질적인 국가수반이 된다.

북한은 집행부에 군사위원회를 두어 위원장 자리를 맡고, 당의 총서기 또는 제1서기를 맡은 자가 실질적인 국가수반이 된다. 김영남은 집행부 의장을 맡고 있어서 형식상 국가수반이나, 당과 국방위원회를 맡은 김정은이 실질적으로 국가수반이 되는 근거가 여기에 있다. 이러한 당의 조직은 전국 단위, 도 단위, 군 단위도 같은 형식으로 꾸며져 있다. 당원 수가 적으면 세포라고 하여 당원의 서열에 따라 명령이 이루어지고 집행된다.

1990년 말레이시아 수도 쿠알라룸푸르에 주재한 북한 대사관의 당원 수는 다섯 명인 세포였는데, 대사의 운전수가 당서열이 가장 높아서 실질적으로 우두머리 역할을 하였고, 두 번째로 서열이 높은 당원이 대사의 부인이었다. 대사관 운영이 어떻게 이루어지고 있었는지 짐작할 수 있는 풍경이었다.

계획경제 하의 국영 농장과 집단 농장

공산주의 사회의 경제 운영은 기본적으로 작업 단위 중심으로 작동된다. 러시아 말로 '노르마'norma라고 부르는 이 단어는 영어의 'norm'(기준, 규범)에 해당하는 말로 일종의 작업 표준이 된다. 국영 농장이나 집단 농장에서는 노동할 수 있는 모든 계층에게 이 단위가 부여된다. 예시하면 180 노르마를 부여받으면, 이 노르마를 달성해야 한다. 모든 일마다 노르마가 주어져 있다. 씨를 하루 뿌리는 데는, 예시하면 1 노르마, 거름을 옮겨서 뿌리는 데는 좀 힘들어 2 노르마, 추수 때 10kg의 곡식을 수확하는 데는 1.5 노르마 등이 부여되어, 집단 농장의 조직원은 무슨 일을 하든지 1년에 180 노르마 이상을 달성해야 한다.

노동에만 노르마가 부여되는 것이 아니다. 예시하면, 종자 10kg은 몇 평방미터 땅에 뿌려져야 하고, 1 평방미터 면적당 수확량은 몇 kg 이상이 되어야 한다는 등이 경제계획에 의하여 노르마로 환산, 결정되어 있다. 그러나 이렇게 부여된 노르마가 제대로 달성되는지는 알 수 없다. 인간이라면 쉬고 싶고, 자기 이익을 충족시키고 싶은 것은 동서고금 어디에서나 마찬가지다.

그래서 공산주의 국가에서도 그런 것들이 골칫거리여서 궁여지책으로 '작업여단'이란 상호감시 조직을 만들었다. 모든 작업장에 작업여단이 있어 누가 일을 게을리하나 서로 감시하고, 작업이 끝난 뒤에는 모여 자아비판을 통해 작업 때 꾀부린 것을 고백하는 시간을 갖는다.

집단 농장이나 국영 농장을 만들기 시작한 집산화集産化, collectivization 는, 레닌 사망 후인 1926년, 스탈린의 권력이 공고화되기 시작하고 이른바 '신경제정책'을 포기하면서 촉진되었다. 지주가 소유하고 있었던 대규모 토지는 쉽게 국영 농장으로 바뀔 수 있었으나, 중소지주가 소유한 소규모 농지는 전통적으로 연고성이 강해 그대로 놓고서는 집산화가 거의 불가능하였다.

집산화를 반대하는 지주는 숙청하기도 했지만, 땅을 곧이곧대로 내놓는 농부가 많지 않았다. 그래서 불가피하게 전국적으로 이주정책이 시행되어 지주들은 연고지를 떠나 국가가 새로 지정한 농장으로 옮겨 가야 했다. 이 과정에서 많은 가축이 도살되고, 수많은 곡물이 양조장의 술로 낭비되는 현상이 일어났다. 따라서 러시아의 농업 생산성은 급격하게 떨어질 수밖에 없었다. 거기다가 집산화되면서 집단 농장이나 국영 농장으로 농토가 바뀌게 되자, 아무리 '작업여단'이 준엄하게 감시한다고 해도 생산물이 내 것이 되지 않으므로 생산성의 효율은 떨어지게 되고, 형식적으로 노르마만 채우는 영농 방식이 만연될 수밖에 없었다.

혁명 전 농산물을 수출하던 러시아가 마침내 농산물을 수입하는 나라로 바뀌었고, 수시로 대기근이 발생하였다. 개인 소유로 지은 생산물이 모두 내 것이 된다면 밤중에라도 비가 오면 나가서 물꼬를 트고 물이 모자랄 때면 물꼬를 막지만, 내 것이 되지 않는데 잠도 안

자고 그렇게까지 부지런 떨 필요가 없는 것은 당연하다. 따라서 효율과 생산성은 떨어지고, 농업 산출량은 줄어들 수밖에 없었다.

이러한 현상 때문에 생긴 대책이 '텃밭私耕地. private plot이다. 텃밭은 집단 농장 구성원 중 일부가 가구 별로 작업이 끝난 후 자기 시간을 쪼개 관리하는 땅으로, 이곳에서 생산된 산물은 시장에서 팔아 현금화하든, 또는 자가소비를 할 수 있도록 하는 제도였다. 이렇게 배당된 텃밭은 전 집단 농장 토지의 10분의 1 정도밖에 되지 않았으나 품목에 따라 러시아 생산량의 50%까지 육박하는 성과를 보였다. '내 것'의 힘이 얼마나 크게 역할 하는지 짐작되는 대목이다.

소련 정부는 이와 같은 텃밭이 자본주의 정신을 고무한다고 하여 폐지하려 했으나 식량난을 해결하기 위해서는 존치가 불가피하였다. 따라서 완전히 없애지 못하고 풍년이 들 기색이 있을 때는 텃밭의 면적을 줄이고, 흉년이 들 때는 텃밭의 규모를 늘리는 궁여지책을 쓰기도 했다. 텃밭은 식량 기근에 일종의 숨통을 트는 역할을 했던 것이다. 이러한 사정은 북한에서도 마찬가지였다.

국가 독점 생산과 분배의 비효율

일단 생산된 산출물은 국가 계획에 따라 분배된다. 식량은 국가가 관리하는 수송수단에 의하여 도시 소비자에게 분배되고, 수송수단을 운영하는 국영기업은 명령에 따라 해당 생산물을 한 지역에서 다른 지역으로 옮기기만 하면 된다. 이 경우에도 내 것이 아니고, 노르마만 채우면 되니 농산물이 부패하든 파손되든 맡은 양을 종착지로 옮기기만 하면 된다. 따라서 수송 중에 훼손되거나 망실 되는 양이 시장경제 체제하에서의 결손 양보다 훨씬 더 많을 수밖에 없다. 여기에서 또한 커다란 비효율이 발생한다.

제조업의 사정도 이와 크게 다를 바 없다. 선철 몇 톤을 가지고 못을 몇 톤 만들라는 계획에 따라 집행하게 되면, 노르마를 따지느라 못의 질이나 용도는 고려되지 않는다. 또한, 옷감 몇 미터를 가지고 여성 옷을 몇 벌 만들라고 지령하면, 옷의 모양이나 유행과는 상관없이 가장 만들기 쉬운 옷만 만들려는 경향이 많았다. 곧 빨리 쉽게 만들 수 있는 옷을 가능한 한 많이 만들어 노르마만 채우면 일단 작업 의무는 끝나기 때문이다.

동독에서 태어나 자라고 공부한 통일 독일의 수상 메르켈Angela Merkel(1954~)이 늘 모양 없는 제복과 같은 옷을 입는다는 사실은, 메르켈이 공산주의 치하에서 생산한 옷만 입고 자랐기 때문에 유행 감각이 없어 그렇다는 뒷얘기도 거기에 있다. 아름답기로 유명한 체코의 프라하 외곽으로 나가면, 성냥갑같이 즐비하게 세워진 아파트 건물이 있는데, 이 모두 공산주의 체제하에서 노르마에 맞추어 지은 건물인 것임을 금방 알 수 있다.

국가계획위원회는, 각 부처 산하 생산 단위가 공장이 되었든, 광산이 되었든, 집단 농장이 되었든 생산할 수 있는 규모를 파악한다.

그리고 이러한 생산에 필요한 투입을 파악하여 전국적인 물동량 수급 계획을 세워 생산과 분배를 결정, 집행한다. 그러나 아무리 치밀한 계획이라도 모든 소요 물자를 정확히 파악하기는 불가능하다. 각 부처의 생산 단위는 부족분을 일일이 국가에 요청할 수도 없고, 또 부족한 투입재를 가지고 생산을 달성할 수도 없지만, 생산 목표 곧 노르마를 채우지 못하면 반동으로 몰리기 때문에 하는 수 없이 당성이 좋고 말 잘하는 사람을 해결사로 두어 부족한 물자를 조달한다.

이때 모자라는 물자가 있는가 하면, 자기 공장의 생산물도 초기 계획에 빠져 남는 것들이 있게 마련이다. 이렇게 남는 것과 계획에 필요하나 빠져 있어 모자라는 것을 서로 교환하는 역할을 하는 사람을 러시아 말로 '톨카치'Tolkachi, fixer라 하는데, 이들은 곧 해결사 역할을 하는 것이다. 이들은 전 러시아를 돌아다니며 자기네 생산물 중에 남는 것이 어느 공장에 필요하고, 자기네가 필요한 것은 어느 공장에서 조달할 수 있는지를 비공식적으로 파악해 거래를 성사시킨다. 곧 이들이 암시장 기능을 담당하는 것이다. 계획경제 당국에서도 이들의 존재를 알고 있으나, 이들을 단속할 경우 전 러시아의 생산활동이 마비되기 때문에 '울며 겨자 먹기'로 방치할 수밖에 없었다.

이렇게 국가경제계획서에는 포함되어 있지 않으나 실제로 암시장을 통해 거래되는 물량과 품목은 여러 가지가 있다. 러시아인들이 즐겨 마시는 보드카는 암거래 양이 국가 공식 생산량과 같은 수준에 있었다. 발레 관람권, 치과 진료, 술·의류 또는 음식물에 이르기까지 '해결사'에 의하여 수급이 이루어지는 품목은 한 두 가지가 아니었다.

국가경제계획서에 의하여 운영되는 사회주의 체제하에서의 계획경제는, 국민이 요구하는 세세한 부분까지 수요를 충족시키지 못하기 때문에 암시장의 발생은 불가피하였다. 그러나 모든 자원을 국가가 필요로 하는 부분에 투입할 수 있으므로 시장가격과는 관계없이 일정한 성과를 이룩하는 데는 매우 효율적이었다. 소련이 미국보다 앞서 초음속 제트기를 제작하였고, 인공위성을 쏘아 올릴 수 있었던 것이나, 올림픽에서 메달을 많이 딸 수 있었던 것도 이러한 이유에 있었다.

러시아는 역사적으로 문학, 미술, 음악, 철학 등의 분야에서 찬란한 업적을 남겼다. 그러나 '사회주의 사실주의'라는 제약성 때문에 1917년 이후는 문화가 황폐해져 지하에서나 해외에서 활동한 부분만이 살아남게 되었다. 소련 사회는 물론 다른 공산 사회도 목표 달성을 중요시하였기 때문에 질과 관계없이 노르마를 채우거나 초과하면 '초과 달성'이라고 선전하면서 사회주의의 우수성을 과시하였다.

우즈베키스탄의 수도 타슈켄트 외곽에 있는 집단 농장 가운데, 1937년 강제 이주한 고려인들이 모여 사는 지역은 소련 치하에서 가장 효율성이 우수한 집단 농장으로 선정되기도 했다. 한민족의 우수성을 보여주는 대표적인 예이지만, 2천여 명이 거주하고 있었던 이 농장에 텔레비전 수상기가 두 대밖에 없어서 저녁이면 오락거리를 즐기는 데 불편을 겪던 차에 대우의 김우중(1936~2019)이 방문하여 모든 가구에 수상기를 제공, 그곳 고려인들을 기쁘게 한 사례가 있다. 대우전자는 흑백 수상기에서 칼러 수상기로 전환하는 과정에 있었기 때문에 큰돈을 들이지 않고 거저 기증할 수 있어 김우중은 그들의 영웅이 되었다.

사회주의 체제는 볼셰비키 식의 소련 형태이든, 북한식의 중앙계획에 의한 운영이든, 또는 유고슬라비아식의 참여경제 식이든 모두 실패가 불가피했다. 지구상에 현존하는 사회주의 경제는, 중국이나 베트남같이 시장경제로 전환되거나, 북한경제와 같이 와해의 과정을 밟고 있는 게 현실이다.

물과 다이아몬드의 경제학

지대地代는 생산 참여 없는 불로소득

여러 경제학자가 시장에서 사고파는 상품의 값이 어떻게 결정되는가, 하는 것을 놓고 역사적으로 많은 논쟁을 벌여왔다. 자본주의와 사회주의가 갈라지는 것도 바로 그 지점에서 출발했다. 생산단계가 복잡하지 않았던 농업이나 수렵 위주의 경제에서는 그 상품을 생산하는 데 얼마나 많은 노동이 들어갔느냐에 따라 상품의 가치가 결정되었고, 이에 따라 상품의 가격이 정해진다고 믿어왔다. 이른바 '노동가치설'이다.

땅은 하나님이 주신 것이니 가치를 생산하지 않는다. 그 땅에 사람들이 얼마나 많은 노동을 투입하느냐에 따라 그 산물의 가치가 결정된다고 보았다. 그러면 땅의 위치가 괜찮고 토질이 기름져서 노동을 많이 투입하지 않아도 산출이 많이 나는 경우, 그 산물은 노동이 덜 들어갔기 때문에 값이 싸게 결정되는가? 노동가치설에 의하면 당연히 투입된 노동만큼의 가치밖에는 없다. 그러나 현실적으로는 그렇지가 않다.

토지는 인류 역사에서 원시 공산사회 시대를 제외하고는 지배자의 소유였다. "하늘 아래 임금의 땅 아닌 곳이 없다"普天之下莫非王土는 생각이 곧 이를 말해준다. 토지의 소유자가 왕이나 제후가 되었든, 또는 지주였든 토지를 소유하고 있다는 '인위적 권리' 때문에 지대地代가 발생하게 되었다. 곧 지대는 가치 생산과정에 참여하지 않은 계급이 거두어들이는 불로소득不勞所得이자 착취라고 보았다.

그러면 지대는 어떻게 발생하게 되었나? 인류의 수가 적어 식량이 많이 필요하지 않았을 때는 가장 기름진 땅만이 경작되었을 것이다. 그러나 사람의 수가 늘어나면서 식량의 수요도 따라서 늘게 되자, 덜 기름진 땅까지도 경작할 수밖에 없었다. 덜 기름진 땅에서는 같은 양의 노동을 투입하더라도 기름진 땅에서보다 덜 생산될 수밖에 없다. 좋은 땅에서 경작하는 사람은 노동을 덜 들이고도 나쁜 땅을 경작한 사람보다 더 많이 생산할 것이다.

여기에서 지주들은 좋은 땅에서 생산된 식량과 나쁜 땅에서 생산된 수확량의 차이 분량을 지대로 징수하게 된다. 물론 가장 나쁜 땅을 경작하는 사람은 생산에서 차익이 없으니까 지대를 납부할 필요가 없다. 이것이 바로 노동가치설을 주장하는 학자들이 말하는 '차액지대론'이다.

리카르도David Ricardo(1772~1823)는 이베리아반도에 살았던 유대인의 후예인데, 그의 선조가 영국으로 이주하면서 영국사람이 된 경제학자이다. 그는 대학에서 가르치지는 않았으나, 노동가치설과 차액지대론을 창시한 선구자의 한 사람이었다. 그의 저서 『정치경제학과 조세 이론』은 경제학의 역사에서 아주 중요한 위치를 차지하고 있다. 그는 '경제학의 아버지'라고 할 수 있는 애덤 스미스Adam Smith(1723~90)를 계승하는 학자로 평가되고 있다. 리카르도의 노동가치설은 나중에 마르크스 같은 사회주의 경제학자들이 '자본가에 의한 착취와 수탈'과 같은 개념을 만들어 내는 데 기초적 역할을 했다.

쓸모가 많지 않은 다이아몬드가 비싼 이유

생산과정이 복합적으로 바뀌게 되고, 단순노동에 비교해 생산과정이 다단계로 바뀌게 된 제조업의 등장은 노동가치설에 대해 근본적 회의를 품게 했다. 노동자가 지게에 지고 나르는 것보다 자동차나 기차로 물건을 나르는 게 훨씬 쉽고, 생산성이 높은 것도 사실이다. 맨손으로 땅을 파는 것보다는 부삽으로 파는 게 생산성이 더 높고, 포클레인으로 파는 것이 훨씬 생산성이 높고 결과도 좋다. 그러면 부삽, 포클레인, 자동차, 기차와 같은 것은 가치를 생산하지 못하는 것일까?

마르크스에 의해 더욱 강화된 노동가치설은 이러한 추론에 더해 자본은 과거의 노동이 체화embody된 것이기 때문에 가치를 생산하기는 했으나, 그러한 자본은 지배계급에 의하여 착취된 노동의 결과이므로 당연히 노동자에 귀속한다고 보았다. 따라서 복합적인 생산과정에서 생산된 제조업의 경우는 기계와 같은 자본과 더불어 일하는 사회적 필요노동량의 크기에 의해 가치가 결정된다고 보았다. 곧 생산에 참여한 노동자의 평균 투입 노동이 그렇게 생산된 상품의 가치를 결정하고, 그 가치는 노동에만 귀속되어야 한다는 것이다.

그러나 이러한 주장만 갖고서는 '상품의 가치가 노동에 의해서만 결정된다'는 노동가치설이 설 자리를 잃어버리게 된다. 과거에 축적된 자본이 모두 착취에 의한 것이라면, 근면과 절약으로 이루어진 자본의 축적은 전혀 없다는 것일까? 생산적 활동에 투입되는 모든 토지는 착취와 권력에 의하여 사유화되었고, 또 이렇게 지대라는 형태로 계속 노동의 생산은 착취 또는 수탈되고 있는 것만은 아니다. 사람의 힘에서 가축의 힘으로의 전환은, 땅을 깊게 갈아낼 수 있게 하여 생산을 늘게 했고, 다시 지속적인 농업기술의 발전은 점점 적은 양의 노동을 투입하여 필요만큼 식량을 조달하게 했다.

필요한 만큼만 식량이 생산되면, 그 이상은 불필요하게 된다. 그러면 나머지 인구는 어디에서 일하게 될까? 시장에서 팔리는 물건을 생산하여 소득을 확대하는 일에 종사할 수밖에 없게 된다. 오늘날에는 내가 쓸 물건을 내가 직접 생산하는 경우는 거의 사라졌다. 시장에서 팔려 돈이 되는 상품은 사용가치가 있어야 하지만, 교환가치도 있어야 한다. 따라서 상품은 사용가치와 교환가치를 모두 가지고 있는 객체를 말한다. 이때 교환가치는 가격이라 할 수 있으며, 가격은 바로 생산된 가치의 화폐적 명칭이라 할 수 있다.

노동을 아무리 많이 투입해도 시장에서 팔리지 않는 상품이 있는가 하면, 노동이 아주 적게 투입되어도 시장에서 비싸게 팔리는 상품도 허다하다. 전통적으로 노동가치설을 주장해온 영국 경제학은 여기에서 모순을 드러낸다. 노동 가치에 집중해 왔던 영국 정통경제학파의 '객관적 가치학설'은 19세기 이후 새로운 도전을 받게 되었다. 가치는 노동투입량뿐만 아니라 그 상품을 소요하는 소비자 또는 수요자들의 주관적인 판단에 의하여서도 결정된다는 이론이 등장하였다. '주관적 가치학설'이라고 부르는 '한계혁명'이 바로 그것이다.

노동량의 투입은 없으나 사용가치가 높은 물은 교환가치가 없어 상품이 되지 못한다. 사람들이 필요로 하는 것보다 훨씬 양이 많아 물에서는 주관적 가치를 느끼지 못한다는 것이다. 이 주관적 가치는 상품의 마지막 단위에서 느끼는 한계 가치, 곧 한계효용에 의하여 결정된다. 실컷 마시고 남는 물은 마지막 단위에서 얻는 효용이 거의 없으므로 가격도 없다는 것이다.

국토가 넓어 제국의 힘이 거의 유럽 전반에 걸쳐 있었던 오스트리아-헝가리 제국 빈 대학의 경제학자들, 스위스 로잔의 왈라스Leon Walras(1834~1910), 그리고 영국의 제본스William Stanley Jevons(1835~82)

등은 상품의 가치는, 만들어 공급하는 사람들의 생산비와, 그것을 사용하는 수요자의 주관적 만족도에 의해서도 결정된다고 보았다. 곧 상품의 가치 결정은 양면적이라는 것이다.

이것이 바로 경제는 균형이 중요하다는 생각의 출발점이 될 수 있다. 균형은 바로 경제행위에 참여하는 모든 경제 주체들의 만족 상태를 뜻한다. 아무리 사용가치가 없어도 그 상품을 사고 싶어 하는 사람이 얼마나 강렬하게 그 상품을 요구하느냐에 따라, 그 상품의 가격은 시장에서 결정된다고 균형론자들은 생각하였다.

다이아몬드는 현실에서는 그렇게 사용가치가 높지 않고, 또 그것을 생산하는데 들어가는 노동력도 많지 않을 수 있으나 그 값은 시장에서 아주 비싸게 형성된다. 그 상품을 원하는 사람은 많은데, 그 상품이 많이 공급되지 않기 때문이다.

시장가격은 사용가치와 교환가치의 균형점

반 고흐Vincent Van Gogh(1853~90)는 생전에 한 점의 그림밖에 팔지 못했다. 〈붉은 포도밭〉이라는 그림을, 동생 테오를 통해, 그것도 싼 값에 팔 수 있었다. 물론 그림을 그리기 위해 수많은 노력을 기울였고 고생도 하였다. 그러나 고흐의 그림은 그가 죽고 나서야 엄청난 가격으로 거래되고 있고, 지금은 살래야 살 수도 없다. 노동가치설을 가지고서는 이러한 현상을 설명할 수 없다. 그래서 시장은 균형의 개념을 중요하게 따지고 있다. 만드는 사람과 그것을 수요하는 사람들의 밀고 땅기는 힘이 시장에서 중간 점을 찾을 때 가격이 형성되고, 따라서 그 상품의 가치도 매겨지는 것이다.

영국의 정통 경제학자들은 상품의 가치는 그것을 만드는데 들어간 노동으로만 결정된다고 강조한 반면, 오스트리아 경제학자들은 그 상품이 얼마나 시장에서 요구되고 있느냐의 힘도 그 상품의 가치를 결정한다고 보았다. 조수미가 생산하는 '노래'라는 상품이나, 손흥민이 생산하는 '축구'라는 용역은 모두 그 상품을 끌어당기는 힘 때문에 비싸게 값이 결정되고 있다.

물론 값이 비싸지면 그러한 상품을 많이 만들어 팔면 되겠지만, 어떤 상품은 마음대로 늘릴 수가 없으므로 그 값은 비싼 상태에서 균형이 결정된다. 비싸도 잘 팔리리라 생각되는 상품은 비싼 임금을 주고라도 노동력을 고용하여 생산하게 된다. 그러나 안 팔리면 그 상품은 계속 생산되지 않고, 그 상품을 만드는데 투입된 노동자의 임금은 떨어지게 된다. 이것이 상품이 거래되는 시장에서 모든 힘이 균형을 향하여 움직이는 논리다.

물과 공기는 사람이 살아가는 데 꼭 필요한 요소다. 그러나 물과 공기를 생산하는 데는 많은 노동력이 필요하지 않다. 하나님이 거저 주시기 때문에 실컷 쓰고도 남는다. 바로 마지막 한 단위의 소비에서 얻는 효용이 전혀 없다. 따라서 값도 없다. 유럽의 많은 나라에서는 물값이 비싸다. 물 한 병값이나, 맥주 한 병값이나, 포도주 한 병값이

모두 비슷한 곳이 허다하다. 유럽의 물은 대부분 그냥 마시기에 적당하지 않다. 인체에 해로운 석회석 성분이 들어 있어 마시려면 그 성분을 제거하거나, 멀리 있는 샘에서 석회석 성분이 없는 물을 갖고 와야 하므로 마실 물을 생산하는 데 적지 않은 노동력이 투입되어야 하니 물값이 비싸게 결정되는 것이다.

1980년, '세계계량경제학회'에 참석하기 위하여 프랑스의 엑상프로방스를 방문한 적이 있다. 노점 카페에 들어가 맥주를 한 잔 주문하였다. 한 잔을 마시고 나서 한 잔을 더 주문하였다. 프랑스나 미국이나 싸구려 술집에서는 매잔 주문할 때마다 술값을 받는다. 나중에 바가지를 씌웠느니, 술값이 왜 이렇게 비싸냐는 등 시비가 발생하지 않아서 좋은 점이 많다.

그런데 두 번째 주문한 맥주는 첫 잔보다 값이 쌌다. 궁금해서 그 이유를 물어보니 답이 아주 간단했다. 두 번째 맥주는 잔을 씻을 필요 없이 내가 마시던 잔에 그냥 따라서 주었기 때문에 그만큼 노동이 덜 들어 쌀 수밖에 없다는 것이다. 철저히 노동가치설에 기초하고 있었다.

다음에는 카페 밖에 있는 나무 탁자로 나가 맥주를 주문하였다. 이번에는 바에서 마시던 맥주보다 값이 비쌌다. 또 그 이유를 물으니 역시 답은 간단하였다. 종업원이 맥주를 밖에까지 가지고 나와야 하고, 그만큼 노동이 더 들어간다는 것이다. 같은 맥주지만 야외의 시원한 공기 속에서, 밝은 햇빛 아래 맥주를 마시려면 값이 비싸다는 것이다.

노동가치설과 한계효용이론의 균형이 바로 여기에 있다. 이것은 시장에서 발생하는 수요와 공급의 균형이기도 하다. 시장에서의 거래나 공장에서의 생산은 모두 예외 없이 균형에 의하여 가격, 거래량, 생산량이 결정되게 마련이다. 비싸면 많이 생산하거나 많이 공급하려 하지만, 다른 한편에서는 수요가 줄어들게 마련이다. 따라서 값이 싸지면 수요는 늘고 공급은 줄어들기 때문에 거래량과 가격이 균형점에서 결정되는 것이다.

신흥자본가의 '과시적 소비'

스칸디나비아 사람들이 대거 미국으로 이민을 왔을 때, 그들이 정착한 곳은 고향과 기후가 비슷한 미네소타주였다. 이들 이민 가족의 후예로 베블렌Thorstein Veblen(1857~1929)이라는 경제학자가 있었다. 그는 정통 경제이론보다는 이설적異說的 접근으로 경제행위를 분석하려고 시도하였다.

미국 경제가 번영하면서 미국에서는 19세기 말 20세기 초 수많은 신흥 재벌이 등장하게 되었다. 별로 교육도 받지 못하고, 또 유럽 귀족들처럼 고상한 문화생활을 해 본 경험이 없는 이들은 천박하게 돈 버는 데만 수단과 방법을 가리지 않았다. 미국에서 가장 오래된 신문의 하나인 〈필라델피아 인콰이어러〉Philadelphia Inquirer지, 프로야구 구단 '필리스'Phillis, 그리고 〈TV 가이드〉지 등을 소유했던 월터 안넨버그Walter Annenberg(1908~2002) 역시 그러한 신흥 재벌의 한 사람이었다.

안넨버그는 대통령 선거 때 케네디 후보에게 선거자금을 많이 기부한 덕분에 그가 당선되자 영국대사가 되었다. 미국의 영국대사 자리는 할 일도 별로 없는 명예직 비슷했다. 언어도 같고, 통신망도 양국 간에 잘 발달해 있어 바쁘게 지낼 일도 거의 없었다. 유대인 출신으로, 명문가의 교양있고 품위 있는 생활을 해 본 적이 없는 안넨버그는, 영국에 부임하자마자 의전상의 실수를 거듭 저지를 수밖에 없었다. 그런데 그가 소유한 〈필라델피아 인콰이어러〉는 사주의 실수를 여과 없이 기사화했다. 어느 날 안넨버그가 기사를 쓴 기자를 불렀다. 모두 긴장하여 그 기자가 혼이 날 것이라 예상했는데, 실상은 그 반대였다.

"자네 기사 때문에 우리 신문이 더 많이 팔려 나는 돈을 더 많이 벌었네. 계속 그렇게 쓰게."

많은 신흥 부자들은 자신의 체면과 품위를 돈으로 유지하고 싶어 했기 때문에 이른바 '유한계급'을 형성하여 무엇이든 비싼 것만을 찾는 속물화 경향이 없지 않았다. 포도주도 보통 사람들이 마시는 것보다 수십 배 수백 배 비싼 것을 마시고, 오페라 입장권도 1년 치를 비싼 값에 사서는 가지도 않으면서 과시하였다. 공급자들은 그들에 맞추어 비싼 상품을 만들어 제공하였다. 노동 가치나 생산비와는 관계없이 다만 비싸다는 이유만으로 그 상품이 팔렸기 때문이다.

신흥자본가들의 이러한 '과시적 소비' 행태를 다룬 책이 베블렌의 『유한계급론』The Theory of Leisure Class이었다. 공급자는 상품의 공급량을 제한하여 값을 올리고, 신흥 재벌은 돈으로 품위와 체면을 구매함으로써 시장의 균형이 이루어지는 것이다. 어떠한 방식이든 균형이 이루어지면 공급자와 수요자는 서로 만족하게 된다.

경제학자들은 균형을 통하여 경제 주체들이 만족할 수 있다는 것을 증명하려고 노력해 왔다. 시장이 완전히 경쟁적이고, 수많은 공급자와 수요자가 있으며, 가격이 시장의 힘에 따라 자유롭게 변할 수 있다면, 이러한 경제에서는 균형이 이루어지고, 경제적 만족도도 극대화한다고 경제학자들은 믿어왔다.

이러한 사실을 증명하기 위해 보통 사람들로서는 이해하기 어려운 수학이 동원되었다. 그러나 오래전에 애덤 스미스는 이른바 '보이지 않는 손'이 균형을 이룩하여 경제 주체 간의 만족도가 극대화된다는 것을 수학적 증명 없이 주장하였다. 이 명제를 나중에 증명한 경제학자는 노벨 경제학상을 받았다.

'초정약수'에 완전경쟁은 없다!

그러나 우리가 살고있는 세상에는 늘 '완전경쟁'만 있지 않다. 온갖 가지 이유로 경쟁은 저해되게 마련이다. 충청북도 청주시에 있는 '초정약수'는 우리나라에서 유일하게 그곳에만 있다. 자연에 의해 독점이 이루어진 것이다. 독점이 이루어지면 경쟁은 없어지게 된다. 혼자 뛰는 경주에서는 늘 혼자 뛰는 사람이 1등을 하게 마련이다. 함께 뛰는 사람이 없으니 다툴 필요가 없다. 자기가 달리고 싶은 속도로 가면 언제나 1등이 된다.

독점은 바로 '혼자 뛰기'다. 독점 공급자가 물건을 많이 공급하면 값이 떨어지고, 적게 공급하면 값은 오르게 마련이다. 따라서 독점자는 자기에게 이익을 가장 많이 보장하는 양만큼만 물건을 내놓는다. 연암 박지원의 소설 〈허생전〉의 주인공 허생은 일찍이 이러한 경제 논리를 알아차리고 있었다. 그 당시 조선의 선비와 양반들이 중요하게 여기는 갓을 만드는데 필요한 말총을 모두 사서 값이 가장 좋을 때 적당한 양만큼 팔아 이익을 극대화하였고, 제사상에 꼭 올라가는 과일들을 대거 사두었다가 적당할 때 팔아 큰 부자가 되었다.

독점은 자연적인 이유로, 또는 사람들이 인위적으로 만들어 이루어지기도 하지만, 기술적으로 독점이 불가피할 때도 있다. 서울에서 인천 가는 전철 건설을 경쟁시킨다며 이중으로 놓을 필요는 없다. 한 노선만 있으면 충분하다. 경쟁이 필요하다며 같은 장소에 다리를 두 개 건설할 필요가 없다. 이러한 독점은 기술적으로 불가피하다.

많은 기업가가 독점적 지위를 추구하는 것은 독점에 이윤의 독식이 있기 때문이다. 완전경쟁 때보다 독점은 더 많은 이윤을 보장받는다. 여기에 국가의 개입이 필요하게 된다. 자연적으로 공급원이 하나밖에 없어 독점이 성립하는 경우는 독점 이윤을 정확히 개선하여 과세하거나, 또는 그렇게 발생한 이윤을 연구 개발, 사회적 환원 등으로 순환될 수 있도록 촉구하는 것이다. 독점 이윤이 없으면 장기에 걸쳐 성과가 잘 나타나지 않은 연구나 개발이 불가능하다.

미국에서 화약 독점으로 많은 돈을 번 듀퐁 같은 회사는 독점 이윤을 활용하여 나일론과 플라스틱을 발명하였다. 대학에서 박사 학위를 받은 수많은 연구 인력을 장시간 높은 월급으로 자유스럽게 연구할 수 있도록 하여 그러한 성과를 얻은 것이다. 듀퐁은 세계에서 가장 큰 온실이 있는 식물원을 만들어 나라에 헌납했고, 본사가 소재한 델라웨어 주에는 상품에 부과되는 거래세가 없다. 모두 이 회사가 부담하고 있다.

그러나 독점 기업들이 늘 좋은 일만 하는 것은 아니다. 자기네가 생산하는 상품을 교묘하게 선정, 소비자들이 그 상품만을 소비하게 만들면, 그 회사는 독점에 성공한 셈이다. 우리가 소비하는 수많은 상품 가운데 이렇게 독점화된 것들이 적지 않다.

1990년대에 소련이 몰락하자, 소련에서 생산되는 금강석을 월급을 제때 받지 못한 광산 근로자들이 무계획적으로 내다 팔았기 때문에 세계 금강석 시장에서 값이 폭락하게 되었다. 또, 1990년대 말 오스트레일리아에서 새로운 금강석 광산이 발견되어 그 공급이 늘어나자, 세계적으로 금강석 공급을 담당하고 있었던 남아공의 드 베어 회사가 오스트레일리아산 금강석 판매까지 대행하여 가격 폭락을 막았다. 이에 오스트레일리아도 금광석 판매 이익을 극대화했다. 모두 인위적으로 형성된 독점화이다.

시장에 독점적 요소가 개입하게 되면, 시장은 균형을 찾기가 어려워지고, 경제적 복지도 이러한 시장에서는 극대화가 보장되지 않는다. 독점이 있으면 소비자들의 경제적 후생도 나쁜 영향을 받는다. 그러기에 시간차는 있어도 세계 대부분의 나라가 반독점법을 만들어 관리하고 있다. 우리나라에서도 공정거래위원회가 그러한 일을 한다.

아직 우리나라에서는 그러한 사례가 없으나, 독점 정도가 심하면 멀쩡한 회사를 쪼개놓기도 한다. 미국의 '아메리칸 텔레폰 & 텔레그라피'사는 미국 전화 통신망의 90%를 독점하고 있었다. 미국의 공정거래위원회는 이 회사를 셋으로 쪼개 독점을 막았다. 이 회사는 전화를 발명한 벨의 이름을 따서 '벨'사라 부르기도 하는데, 분할 이후 벨 집안은 아빠 벨, 엄마 벨, 아기 벨로 이산가족이 되고 말았다. 이제 독점이 갖는 폐해를 고쳐 나가는 것도 정부 경제 정책의 중요한 분야가 되었다.

시장의 공급자가 소수인 '과점'도 있다. 과점은 소수의 회사가 담합 하여 하나의 회사처럼 움직이는 사례와, 개별 공급자끼리 서로 경쟁하는 사례도 있다. 과점기업들이 하나로 담합 하여 독점 기업처럼 행동하는 경우는 사실상 '독점'과 똑같다. 우리나라에서는 시멘트 산업의 예가 대표적이었다. 이들은 '시멘트협회'를 꾸려 생산 시설의 용량에 따라 생산량을 배당해 주고, 이를 가장 좋은 가격으로 공동 판매하여 이윤을 극대화하게 했다.

'수탉 꼬리'와 '목숨의 물'

절대우위 생산물과 비교우위 생산물

무엇이든지 많으면 가치는 확 떨어지게 마련이다. 나에게 넉넉하게 있어 가치를 덜 느끼는 물건이 있는가 하면, 모자라기 때문에 더 좋아 보이는 것도 있다. 설렁탕 집 주인 아들에게는 설렁탕은 냄새도 맡기 싫은 음식일 것이다. 그래서 사람들은 물건들을 바꾸어 쓰고 있다. 시장에서 거래가 성립하는 이유나, 국제적으로 상품이 교역되는 데에는 이러한 이유가 있다. 우리나라 남부지방은 집집에 감나무가 있어 가을이 되면 감을 따지 않아 까치밥이 될 정도로 흔하지만, 파인애플이나 망고는 비싼 돈을 들여서라도 수입해 먹는다.

내가 1967년 미국에 처음 갔을 때 경험한 일이다. 하와이 숲에는 야생 바나나가 무수하게 자라고 있으나 건드리는 사람은 아무도 없었다. 바나나값이 너무 싸기 때문에 구태여 숲에 가서 바나나를 따 먹을 이유가 없다. 휘발유를 태워 자동차를 몰고 숲에 가는 것보다는 휘발유 값으로 바나나를 사 먹는 것이 더 싸기 때문이다. 하와이대학교 근처 개울가에는 커다란 망고나무가 있어 망고가 지천으로 열리지만, 거기서도 따 가는 사람은 거의 없다. 하와이대학교 학생들이나 지나가는 길에 가끔 집어갈 뿐이다. 거기까지 차를 타고 와 집어가는 것보다 청과물 가게에서 사 먹는 것이 훨씬 싸다.

세상은 기후나 지역별 특성 때문에 하늘이 내려주신 자원이 골고루 나뉘어 있지 않다. '부존자원'이라고 불리는 경제적 원천은 지역마다 다르게 마련이고, 이 때문에 서로 바꾸어서 쓰게 된다. 이것이 바로 국제무역을 발생하게 하는 이유다. 스페인은 날씨가 따뜻하고 건조하기 때문에 포도 농사에 적당하나 양을 키우는 데는 적합하지 않다. 영국은 날씨가 늘 습하고 햇볕이 비추는 시간이 짧아 양을 키우는 데는 좋은 조건이나, 포도 농사는 적당하지 않다.

그래서 영국과 스페인이 모두 양과 포도를 키우려고 하면, 비용이 많이 들어 비효율적이다. 영국은 양만 키워, 이를 스페인이 키운 포도와 바꾸면 비용도 싸게 먹혀 효율적이다. 양모산업이 영국에서 발달하고, 포도주 양조가 스페인에서 발전한 이유가 여기에 있다. 영국에는 양모산업이, 스페인에는 포도주 산업이 '절대우위' absolute advantage에 있는 것이다.

이와 상대적인 개념으로 '비교우위'comparative advantage가 있다. 어느 한 나라가 두 가지 상품의 생산에 있어 둘 모두가 다른 나라보다 절대우위에 있다고 하더라도, 보다 더 우위에 있는 산업에 전념해 그것을 판 돈으로 상대적으로 덜 우위에 있는 상품을 다른 나라에서 사다 쓰면 경제적으로 더 도움이 된다는 것이다.

돈을 많이 버는 인기배우가 웬만한 타자수보다 타자를 더 잘 친다고 해서 배우 노릇도 하고 타자도 치는 것보다는, 타자 치는 시간에 배우 노릇을 더 하고, 자기보다는 못 치지만 타자수를 고용하는 것이 경제적으로 유리한 것이다. 국제무역도 마찬가지다. 절대우위뿐만 아니라 상대우위에 있는 경우에도, 나누어 생산하고 바꾸어 쓰는 것이 경제적으로 유리하다.

국제무역은 모두 이러한 이유로 발생하였다. 처음에는 물물교환의 형태로 시작되게 마련이다. 미대륙 '발견' 초기에는 새로 정착하는 유럽 사람들과 원주민 사이의 물물교환으로 무역이 시작되었다. 원시적 형태의 국제무역이 시작된 것이다. 야생 칠면조 다섯 마리와 강철로 만든 칼 세 자루의 교환비율이 결정되었다면, 아메리카 대륙에서 잡힌 야생 칠면조와 초기 이민자들이 가져온 칼자루의 수에 의하여 그렇게 결정되었을 것이다.

귀금속 – 최초의 공동 화폐

이들 사이에 물물교환이 이루어질 수밖에 없는 데는 이들 사이에 공동의 화폐가 없었기 때문이다. 앞에서 언급한 바와 같이, 화폐는 누구나 받아들이려는 강한 수용성이 있어야 화폐로서 성립하게 되는데, 당시 두 집단 사이에는 그러한 물건이 없었다. 따라서 물물교환이라는 원시 형태로 시작된 인류 사이의 국제무역은, 점점 더 복합적이며 정교한 방식으로 발전하게 되었다.

우선 공동 화폐의 출현이다. 금이나 은 같은 귀금속은 화폐로 통용되기 위한 주요 조건을 갖추었기 때문에, 한 나라의 화폐 역할만 하는 것이 아니라 나라 사이의 화폐로도 발전하게 되었다. 또, 몇 차례의 변화는 있었으나, 가치에는 큰 변동이 없었기 때문에 서로 믿고 쓸 수가 있었다. 그래서 귀금속을 매개로 하는 국제무역이 급속하게 발전한 것이다. 귀금속의 가격은 시대나 지역의 차이 없이 균등화해지는 속성을 갖는다. 값이 비싼 지역으로는 귀금속의 유입이 있었고, 값이 싼 지역에서는 유출이 있을 수밖에 없다. 따라서 국제적으로 귀금속의 가격은, 그 귀금속의 수송가격 정도를 한계로 해 전 세계적으로 결정된다.

부존자원은 각국에서 불균형하게 생산되거나 매장되어 있을 수밖에 없다. 그래서 최초의 국제무역은 부존자원의 차이에 따라 이루어지게 되었다. 더운 지역에서 생산되는 향신료인 후추, 커피 열매는, 그런 것이 생산될 수 없었던 유럽으로 흘러 들어갔다. 중국에서 많이 생산하던 비단과 도자기도 그렇게 교역될 수밖에 없었다. 이러한 물건들을 사들이려면 귀금속을 지불수단으로 삼을 수밖에 없다.

그렇다고 이런 물건을 사들이는 나라도 귀금속이 많은 것은 아니다. 금과 은은 신대륙의 발견, 아프리카의 개척 전까지는 유럽에 흔치 않았던 물질이었다. 대규모 선박 같은 교통수단이 개발되면서 교역량이 확대되자, 지불수단으로서 귀금속의 수요가 급격하게 늘었다. 유럽인들의 신대륙 도착으로 귀금속의 공급은 어느 정도 늘어나 부분적으로 이 문제는 해결된 셈이었다. 귀금속은 유럽 여러 나라의 본위화폐로 자리 잡을 수 있었다.

영국의 술 수지 적자

영국의 으스스한 날씨는, 뼛속까지 스며드는 추위는 아니지만 그냥 견디기가 쉽지 않다. 거기다 부슬부슬 비까지 내리면 술 한잔 생각이 안 날 수 없다. 영국 사람들의 농담으로, 영국이 식민지를 많이 갖게 된 이유는, 첫째 음식이 맛이 없고, 둘째 여자들이 못생겼으며, 셋째 날씨가 나빴기 때문이라고 한다. 그래서 이들은 이 세 가지를 한꺼번에 해결할 수 있는 증류주를 제조하기 시작한 모양이다.

흔히 '목숨의 물'Agua Vita이라고 불리는 위스키는 스코틀랜드의 맑은 계곡물과 곡물로 만들어져 그 맛과 향이 아주 좋다. 대체로 40도에서 50도 사이의 알코올 함량을 가지고 있어서 그냥 마시기에는 좀 독한 듯하다. 그래서 고안한 것이 위스키에 탄산수를 섞어 마시는 이른바 '수탉 꼬리'Cocktail다. 우리 상류층 선배들은 칵테일을 '계미주'鷄尾酒라고 번역하여 즐겨 마셨지만, 순수 우리말로 바꾸면 '수탉 꼬리'다.

'수탉 꼬리'에 대해서는 여러 주장이 있으나, 위스키를 많이 팔고 많이 마시는 영국에서도 이 술이 너무 독하였던지 그냥 마시지 않고 '수탉 꼬리' 형태로 마셨다. 프랑스 이민자들이 주로 살았던 미국 남부에서 양조한 위스키의 향도 조금 독특하여 이 위스키를 '버번'Bourbon(부르봉)이라고 불렀다. 캐나다에서 생산되는 위스키는 '캐나디언'Canadian, 아일랜드에서 만드는 위스키는 '아이리쉬'Irish라고 불렀다. 이런 위스키들과 섞어지는 '수탉 꼬리'도 다양했다. 전형적인 미국의 '수탉 꼬리'에는 '맨하튼'Manhatten이 있는데, 이 술은 버번의 맛을 띠고 있다.

영국에서 소비되고 수출되는 위스키와 각종 증류주는 엄청나게 많았지만, 중상류층이 즐겨 마시는 포도주의 수요가 이보다 훨씬 많았으므로, 포도주를 거의 생산하지 못하는 영국의 주류 국제수지는 늘 적자가 될 수밖에 없었다. 이는 세계적인 주류 수출국 영국이 술을 팔아서 버는 돈보다 술을 사들이는 데 드는 돈이 더 많다는 것을 의미한다.

영국의 하류층은 주로 맥주로 저녁 해장을 시작한다. 대부분이 국산이다. 영국 사람들이 '펍'Pub이라 부르는 주점이나 에이레 사람들이 '스피키지'Speakeasy(쉽게 말하는 곳)라고 부르는 술집은, 저녁이 되면 예외 없이 입추의 여지가 없어 서서 마시는 것이 통상적이다. 오후 서너 시가 되면 술집이 가득 찬다. 특히 하지가 지나면 해가 짧아지면서, 그 시간이면 어둑어둑해지기 때문에 술 마시기 좋은 분위기가 된다.

영국의 중상류층은 대개 자기들이 속해 있는 클럽이 있다. 퇴근하면서 클럽에 들러 증류주로 두어 잔 해장을 하면 얼큰하게 취한다. 그 술이 깨기 전에 집에 도착하여 가족과 함께 저녁을 먹으면서 수입 포도주로 반주를 한다. 그렇게 하는 것이 싸게 술을 마시는 방법이다. 독하지만 싼 위스키로 취하고, 비싼 포도주로 입가심하는 것이다. 그러니 그렇게 술을 많이 수출해도 술에 관한 한 국제수지는 적자를 면치 못한다.

술을 해외에 팔아먹는 방법도 여러 가지다. 임금님께서 주로 마시는 어용주御用酒를 만들어 그 술병에 임금님의 '국장'國章, Seal을 붙이는가 하면, 술의 숙성연도를 높여 12년짜리, 30년짜리 로얄 샬루트, 조지 5세 등 새로운 상표를 붙여 두 배, 세 배, 심지어는 스무 배까지 값을 매겨 허세 좋아하는 중국인들과 우리나라 사람들에게 팔아먹는다. 이런 술들은 영국 국내에서는 거의 찾아보기 어렵다. 그래도 술에 관한 한 영국의 국제수지는 적자를 면치 못한다.

1773년, 아메리카 대륙의 보스턴에서 일어난 '차 폭동'Tea Party은, 식민지 미 대륙에서 홍차를 전매하고 있었던 영국 정부가 홍차에 관세를 부과하면서 일어났다. 영국에서는 홍차 잎사귀 하나 나지 않는

다. 으스스한 기후 때문에 따뜻한 홍차에 맛이 들인 영국 사람들은 중국에서 차나무를 들여다가 인도, 특히 스리랑카에서 재배하기 시작하여 홍차를 생산해 많은 외화를 벌 수 있었다.

중국은 옛날부터 외국과의 무역을 인정하지 않았다. 천자가 외국의 군주로부터 조공을 받고, 이를 기특하게 여겨 반대급부가 아닌 하사금을 내리는, 일종의 교환이 당시 중국으로서는 무역이었다. 이러한 이유로 영국은 중국과의 무역에서 늘 적자를 면치 못하였다. 그러다가 중국에 몰래 아편을 팔기 시작하여 1840년 아편전쟁이 벌어졌고, 그 덕분에 홍콩을 오랫동안 차지하게 되었다.

이때 유럽에서 풍미하던 사조는 '중상주의'Mercantilism로, 무역 흑자를 통하여 귀금속을 많이 벌어들이는 것을 경제적인 미덕이라고 보았다. 영국은 대對아시아 무역에서 가능한 한 적자 폭을 줄이려고 노력하였다. 궁여지책으로 스리랑카와 인도에서 재배한 차나무 잎을 영국에서 홍차로 가공하여 영국 상표를 붙여 팔아먹었다. "인도산 홍차도 영국 상표가 붙여져야 팔린다"는 말이 생길 정도이다. 세계적으로 잘 팔리는 홍차 상표는 '트와이닝스'Twinings, '립톤'Lipton, '퍼트남 앤 메이슨'Fortnam and Mason 같이 영국 상표지만 차의 원산지는 '실론'이라고 밝히고 있다.

바나나는 안 되고 석유는 펑펑

무역은 경제적으로 여러 가지 이익을 모두에게 주고 있다. 우리가 생산하지 못하는 남의 나라의 생산물을 즐겨 쓸 수 있고, 우리에게 넘쳐나는 상품을 남의 나라에 팔 수가 있기 때문이다. 그러나 우리나라 돈이 힘이 없으면, 그 돈은 국제적으로 잘 받아들여지지 않는다. 그래서 하는 수 없이 물건을 많이 팔아 벌어들인 힘 있는 외국 돈으로 필요한 물건을 사들일 수밖에 없다. 곧 힘 있는 외화를 많이 가지고 있으면 우리가 필요한 물건을 해외에서 쉽게 사들일 수 있는 것이다.

한 나라의 '외환보유고'는 아주 중요하다. '외환보유고'를 늘리려면 외화를 아껴야 한다. 외화를 아끼는 길은 해외에서 물건을 덜 사들이는 수밖에 없다. 대부분의 후진국은 외화를 아끼기 위하여 수출을 장려하고 수입을 통제한다. 방글라데시 같은 나라는, 해외 직장에 취업해 외화를 받는 사람은 그 소득의 일부를 반드시 고국으로 송금하도록 규정하고 있다. 그러면서 수입은 철저하게 통제하고 있다.

방글라데시 소재 국제기구에서 근무한 우리나라 직원이 관세 면제로 가지고 들어갔던 중고 가전제품을 귀국할 때 자기 집에서 일하던 요리사에게 주고 나온 것이 수입금지 규정에 걸려 상당한 세금을 낸 일도 있었다. 우리나라도 외화가 귀할 때 웃지 못할 에피소드가 없지 않았다. 우리나라는 외화가 귀하여 일반인의 해외여행은 반드시 초청을 받아야만 가능했고, 경비 모두를 초청자가 부담한다는 것이 증명되지 않으면 여권이 발급되지 않았다.

1966년 내가 유엔 교육과학문화기구UNESCO의 초청을 받아 인도로 출국할 때, 항공료, 체재비, 식대 포함, 모든 경비를 유네스코가 부담한다는 서류를 첨부하고 나서야 여권을 발급받았고, 외환을 관리하던 한국은행에서 비상금 20달러를 바꿀 수 있었다. 당시로는 큰 금액일 수 있었으나, 지금 같으면 저녁 한 끼도 사 먹기 힘든 돈이었다.

이렇게 물품의 수입은 철저하게 관리되어, 불요불급不要不急한 품목은 절대 수입할 수 없었다. 미군 부대에서 흘러나오는 물건도 공식적으로는 수입이 되지 않았다. 그중 하나가 바나나였다. 미군 부대에서 소량으로 반출되어 시장에 풀린 바나나는 매우 비쌌다. 석유 난로로 온도를 높인 농가의 온실에서 바나나를 키워 시장에 팔아도 수지가 맞았다. 석유는 불요불급한 품목이 아니었기 때문에 정식으로 수입되고 있었다.

그 결과 석유 수입량은 늘고 외화는 낭비되고 있었다. 온실에서 불피운 기름값만 가지고도 질 좋은 바나나를 두 배가량 수입할 수 있었으니 말이다. 이러한 정부의 잘못된 규제는 엄청난 양의 외화 낭비를 초래하였다. 이제 우리나라는 '외환보유고'도 많고, 또 국제적으로 개방되어 있어 거의 모든 것을 자유롭게 수입하고 있다. 외국에서 물까지 사다 먹을 수 있는 나라로 바뀐 것이다.

외화를 벌어들이는 방법에 상품 수출만 있는 것이 아니다. 보이지 않는 상품을 팔아 외화를 벌어들이는 방법도 중요하다. 보이지 않는 상품을 팔아 벌어들인 돈을 '무역외 수지'라고 부르는데, 공장 굴뚝에서 연기를 내지 않고 벌어들였으므로 오히려 더 깨끗한 외화벌이였다. 우리나라의 선박이나 비행기를 타기 위해 외국인이 지불한 돈, 우리나라 학교에 와서 공부하는 외국인이 낸 수업료, 우리나라 보험 회사에 보험을 들어 납입한 돈, 우리나라 은행에서 돈을 꾸어다 쓰고 지급한 이자, 우리나라에 놀러와 쓰고 간 관광 수입 등이 주요 '무역외 수지'의 수입원이 된다.

마찬가지로 우리나라 사람이 이러한 방식으로 해외에서 돈을 쓰면, '무역외 수지'에서 지출이 되므로 상품 수입과 마찬가지가 된다. 관광은 밑천이 가장 덜 드는 '무역외 수지'의 수입원이다. 외국인이 들어와 우리나라의 명승고적을 둘러 보고, 호텔에 묵고, 밥 사 먹고, 교통비로 낸 돈은 모두 외화 수입이 된다. 이탈리아처럼 조상 덕으로 문화유적이 많은 나라는 그렇게 벌어들이는 외화 수입이 상품 수출로 벌어들이는 액수보다 더 많을 수도 있다. 그래서 여러 나라가 외국인 관광객을 유치하느라 땀 흘려 일하고 있다. 어떤 나라는 급히 역사유적을 '만들기도' 했다. '유럽 관광의 3대 사기'라고 불리는 관광 명소를 보면 실소를 금할 수가 없다.

유럽의 '3대 사기 관광 상품'

벨기에의 브뤼셀에 있는 '오줌 누는 소년상'을 보면 허탈감이 든다. 해마다 수많은 관광객이 브뤼셀 시청 광장 위에 있는 이 '소년'을 보러

온다. 벨기에 정부는, 벨기에를 방문했던 나라 국가원수의 전통 복장을 그 나라 관광객들에게 입혀 억지로 관심을 가지도록 만들었다.

덴마크의 코펜하겐 바닷가에 있는 '인어상'도 마찬가지다. 덴마크의 아동문학가 안데르센Cristian Andersen(1805~75)의 동화에 맞추어 홍보하는 바람에 날마다 수십 대의 관광버스가 이곳으로 몰린다. '인어상'도 "뭐 이런 것을 가지고 수선을 떠나!" 허무감이 들 뿐이다.

라인강을 오가는 선박의 선원들이 요정의 유혹에 빠져 희생되었다고 하는 '로렐라이 언덕'도 싱겁기 짝이 없다. 하이네Heinrich Heine(1797~1856)의 시까지 연계하여 홍보하는 바람에 세계적인 명물이 되었다지만, 언젠가 이효상 전 국회의장이 이 '로렐라이 언덕'을 보고 "우리 고향 청도에 있는 검바위보다도 못하다"고 했다는 일화가 있다.

세 곳을 모두 돌아본 나에게는, 그곳들이 '유럽 관광의 3대 사기'라는 평이 맞는 것 같다. 아무리 산과 물이 아름답고 역사유적이 많아도, 관광객이 편하게 쉴 호텔이 없고, 교통시설이 없으면 관광객이 오지 않기 때문에 이 모든 행각은 부자 나라에만 해당하는 것이지, 가난한 나라에서는 현실화가 쉽지 않다. 그래서 가난에서 쉽게 벗어나지 못하는 모양이다.

이외에도 물건이나 서비스를 팔지 않고, 투자를 받아 벌어들이는 외화 수입도 있다. 곧 우리의 여건을 고려하여 우리나라에 공장을 짓고 생산활동을 하기 위하여 외화를 들여오는 사례가 바로 여기에 해당한다. 수출할 상품도 별로 없고, 나라의 능력으로 투자할 수 없는 경우 외국인에게 좋은 조건으로 우리나라에 공장을 짓고 상품을 생산하여, 국내 수요도 충족시키고 해외에 팔아 외화를 벌어들일 방법이, 직접 투자를 하는 외자 유치다.

우리나라는 공업화 과정에서 외자를 유치하여 국민경제도 발전시키고, 외화 획득도 성공한 국가의 하나다. 그리고 상대적으로 이렇게 투자된 외화도 낭비하지 않고 효율적으로 쓴 나라에 속한다. 의과대학이나 법과대학에 다니느라 빚을 내어 학비를 대고, 나중에 의사나 변호사가 되어 빚을 갚아나가는 격이다. 자기 나라의 돈이 세계 시장에서 제 노릇을 못 한다면 외화를 준비하는 게 당연히 그 나라 경제를 위하여 좋은 일이다. 그래서 '수탉 꼬리'를 만들든, '목숨의 물'을 선전하든, 억지 관광지를 만들든, 모든 나라가 외화벌이에 혈안이 되었던 일은 역사적 사실이다.

세계의 무역량이 증대되면서 무역 거래에 들어가는 돈도 증대하는 것이 당연하다. 돈이 부족하면 거래가 빡빡해져서 거래량이 줄 수밖에 없다. 그러나 국제거래에서 제대로 노릇을 할 수 있는 돈은 몇 가지 되지 않는다. 우선 금이 거래대금으로 쓰일 수 있으나 그 양이 많지 않고, 매장량도 제한적이다. 그리고 금은 장신구 등으로 민간 부문으로 퇴장되면 다시 유통 과정에 나오는 게 많지 않다. 세계에서 인구가 가장 많은 중국과 인도는 전통적으로 금을 선호하는 경향이 커 일단 금이 퇴장하면 다시 나오지 않는다. 곧 국제거래는 늘어가는데,

이를 거래시킬 금이 제한되니 금에 기초한 강력한 통화가 거래대금으로 대체될 수밖에 없게 된다.

미국이 쥐락펴락한 국제무역 질서

제2차 세계대전이 끝나갈 무렵, 일본, 독일, 이탈리아와 대적하여 싸운 연합국은 전후 세계 경제 질서를 어떻게 해야 할지 논의에 들어갔다. 우선 통화에 관하여 논의를 시작하였다. 많은 경제학자가 미국의 뉴햄프셔주 브리튼우즈로 모여들었다. 그 당시 유명한 케인즈 John Maynard Keynes(1883~1946)와 하버드대 교수 체임버레인 Edward Chamberlain(1899~1967)도 그중 하나였다.

여기에서 결정된 것은, 미국 달러로 세계 무역의 기축통화를 결정하되, 금과의 교환비율은 한 트로이 온스 Troy ounse를 35달러로 하기로 하고, 이를 관리하는 기구로 '국제통화기금'International Monetary Fund, IMF을 설립하기로 했다. 또 금과 미국 달러의 교환비율을 정한 체계를 '브리튼우즈 체계'라고 부르기로 하였다. 국제통화기금은 전통적으로 미국의 주도 아래 있었으며, 이 기구의 수장은 프랑스 사람이 맡아 왔다.

이와 함께 등장한 기구가 '국제개발은행'International Bank for Reconstruction and Development, IBRD으로, 주로 부자 나라가 예금 형태로 투자하고, 이 돈을 싼 이자로 못 사는 나라에 빌려주어 도로, 주택,

교량, 발전소 등을 짓게 하는 데 쓸 수 있게 하였다. 이 기관도 출자한 비율에 따라 투표권을 갖는데, 미국이 가장 많이 투자하였기 때문에 늘 미국의 주도 아래 있었고, 이 기구의 수장은 미국 사람이 언제나 맡고 있다. 우리나라는 투자액이 적어 이사 자리 하나 못 얻고, 대리 이사 자리 하나를 확보하고 있다.

이 두 기구와 함께 국제거래의 관행과 제도를 감독하기 위한 '국제무역기구'International Trade Organization, ITO도 만들려고 하였으나 미국의 반대로 무산되었다. 미국은 그때까지만 해도 1899년 이래 국제거래에서 결손이 나지 않아 경제적 우위를 지켜온 터라 이 기구의 필요성을 느끼지 못하였다. 대신 이에 비하여 구속력이 없는 '무역과 관세에 관한 일반 협정'General Agreement on Trade and Tariff, GATT를 만들어 대체하기로 했다.

그러나 1967년부터 미국의 국제거래 수지가 적자로 돌아서자 국제거래에 개입해야 할 필요가 생겼고, 마침내 '케네디 라운드'Kennedy Round니 '우루과이 라운드'Urguay Round 같은 것을 만들어 미국을 상대로 흑자를 내는 나라에 압력을 가하기 시작하였다. 그러나 이런 것들로도 압력을 크게 가할 수 없게 되자, 1975년에는 자기들이 애초 불필요하다고 거부하였던 '세계무역기구'ITO의 영문 이름만 살짝 바꾼 '국제무역기구'World Trade Organization, WTO를 만들어 주도권을 쥐었다.

미국은 우리나라의 쌀값과 쇠고기값이 미국보다 비싸다는 이유로 미국 쌀과 쇠고기를 사다 먹으라고 압력을 가했다. 그래서 쌀이 남아도는 우리나라도 하는 수 없이 미국 쌀을 사서 먹어야 했고, 쇠고기도 들여왔다.

같은 처지에 있었던 일본도 압력을 받기는 마찬가지였으나 일본은 우리보다 훨씬 슬기롭게 대처했다. 남태평양 한가운데 있는 바누아투 Vanuatu라는 나라에 땅을 사서 일본 기업인이 '와규'和牛라고 하는 소를 길러 일본으로 수출하는 꾀를 낸 것이다. 그리고 미국에 대해 바누아투에서 수입하는 쇠고기보다 더 싸게 미국 쇠고기를 일본에 수출할 수 있다면 사 먹겠다고 했다. 미국 쇠고기가 아무리 싸다고 해도 바누아투에서 값싼 임금의 노동자가 키운 쇠고기에는 당할 수는 없었다.

그뿐이랴. 일본인이 좋아하는 단호박에 대해서도 압력이 들어오자, 이번에는 피지Fiji에 단호박 농장을 일구어 일본에 수출하였다. 일본에 압력을 가하던 미국 관료들은 일본의 꾀에 당할 수밖에 없게 되자, 지나는 길에 한국에 들러 화풀이를 하고 간 셈이 되었다. 일본은 워낙 태평양 전쟁 중에 그곳을 주름잡고 있었던 터라, 그 지역 사정을 꿰뚫고 있었기 때문에 그런 잔꾀들이 가능하였다.

오늘날 미국과 중국이 무역 마찰을 일으키고 있는 사이에 우리나라 사람이 세계무역기구의 수장이 될 수 있는 길이 열렸으면 좋겠다. 출자 기연금의 비율대로 국제기구 수장 선출의 투표권이 결정되는 세계은행과 국제통화기금은 언제나 미국인이 수장을 맡고 있거나, 미국이 밀어주는 프랑스인이 전문성과 관계없이 수장을 맡는 실정이다.

　아시아개발은행도 예외가 아니다. 일본의 출자가 가장 많아 이 은행의 수장도 늘 일본인이 맡고 있다. 우리나라도 처음에는 부총재 세 명 가운데 한 명을 차지했는데, 그것도 망신스러운 졸렬한 인사를 보내 지금은 그 자리마저 빼앗기고 말았다. 아시아개발은행 총재를 맡는 일본인은 대개 대장성의 차관보다 낮은 심의관급으로, 대장성 관리의 은퇴 후 자리라 할 수 있다. 그러나 우리나라는 처음부터 능력도 없는 경제 담당 부총리 또는 경제장관 출신을 보내 일본의 국장보다 조금 높은 자리의 사람 밑에서 부하 노릇을 하게 했다.

　우리나라 전직 모 부총리가 이 은행의 부총재로 취임하였을 때는 영어가 되지 않아 그 밑의 인도인 국장들에게 갖은 수모를 당하였다는 후문이 그곳 한국인 직원들 사이에서 떠돌기도 했다. 우리가 가난했을 때 설립된 국제기구에 많은 돈을 출연할 수 없어 높은 자리를 차지하기가 어려울망정, 적격의 인사를 보내 한 자리라도 차지할 수 있도록 하는 전략이 필요하다.

술로 보는 유럽 경제

음주로 보는 유럽의 경제와 사회

　유럽의 지도를 펴 놓고 보면 유럽 사람들이 즐겨 마시는 술에 따라 크게 세 구역으로 나눌 수 있다. 북쪽 추운 지역에 사는 사람들은 날씨 때문에 그런지 알코올 도수가 높은 증류주를 마신다. 러시아, 핀란드, 스웨덴, 노르웨이, 폴란드 등의 나라들은 주로 우리나라 소주와 비슷하지만, 알코올 도수가 높은 보드카를 즐긴다.

　세계에서 양적으로 가장 많이 팔리는 보드카는 러시아산 '스톨리치니아'이며, 값으로는 스웨덴산 '앱솔루트'가 제일 비싸다. 핀란드산 '핀란디아'도 많이 팔리는 술이다. 독하지만 숙취가 적어 세계의 많은 술꾼이 이 술을 마신다. 비교적 북쪽에 자리하고 있는 독일도 독주의 하나인 '슈납스'를 많이 마신다.

영국의 스코틀랜드나 아일랜드는 위스키로 유명하다. 역시 알코올 도수가 높은 증류주이다. 네덜란드 사람들과 영국인들이 자주 마시는 '진'도 증류주의 하나로 독한 술이다. 이들 증류주는 냉동시키면 끈끈한 점액질 상태로 바뀌는데, 그렇게 그냥 마실 수도 있고, 다른 음료와 섞어서 마시기도 한다.

비교적 햇볕이 많이 쬐고 날씨가 좋은 유럽의 남쪽에서는 전통적으로 포도주를 많이 마신다. 포도주는 포도의 종류에 따라 다양하게 생산되며, 또한 포도가 생산된 연도에 따라 품질도 다양하게 결정된다. 증류주가 숙성된 연수에 따라 값이 결정되듯이, 포도주도 생산된 연도와 숙성된 연수에 따라 값이 천차만별이다.

아시아에서 가장 많이 팔린다는 고급 '스카치위스키'는 영국에서는 거의 팔리지 않는다. 영국의 술 가게에 가면 우리가 잘 모르는 싸구려 위스키가 가득 차 있어, 심지어 우리나라에서는 누구나 마신다는 '조니워커' 검정 딱지도 보기 힘들다. 이러한 현상은 포도주도 마찬가지다.

포도주는 언제, 어디서 양조되어 얼마나 오랫동안 숙성되었느냐에 따라 값이 정해진다. 보통사람들이 자주 마시는 이른바 '식탁주'Vin de Table는 한 병에 1만 원대부터 시작하는 싸구려 술이다. 그러나 '로마네 꽁띠'Romane Conti 같은 포도주는 한 병에 수백만 원을 호가呼價한다.

"인생은 싼 포도주를 마시기에는 너무 짧다"라는 말이 있으나, 이렇게 비싼 포도주가 그 가격 차이만큼 수백 배 더 좋을 수는 없다. 부자들은 그 한계적인 맛의 차이와 소비자로서의 속물주의 때문에 비싼 포도주를 마시며 자신을 과시하는 경향이 있다. 이런 인식으로 포도주 가격이 올라가고, 동남아 화교들은 겉치레 때문에 비싼 포도주를 찾는다.

증류주를 많이 마시는 스칸디나비아 나라에서는 자국산이건 외국산이건 술값이 아주 비싸다. 길고 춥고 어두운 겨울 때문에 술의 소비량이 많을 수밖에 없는 것이 이 나라들의 사정이다. 겨우내 술을 마시면서, 술에 빠져있던 사람들은 봄이 되면 술로 인해 여러 가지 질환이 발생하게 되고, 그에 따라 자살률도 한때 아주 높았다.

정부로서도 골치가 아프지 않을 수 없었다. 따라서 술에 높은 세금을 매겨 술값을 인위적으로 올리고, 그렇게 해서 술의 소비를 위축시키는 방법밖에는 생각할 수가 없었다. 워낙 이들 나라의 생계비 수준이 높은 데다가 술값까지 비싸니, 음주 애호가들에게는 경제적으로 최악의 나라가 될 수밖에 없다. 단순히 1인당 국민소득만을 비교해 경제적 후생과 행복도를 가늠하여 보려는 것은 많은 문제점을 내포하고 있다.

마시는 것에 관련해서는 우리나라처럼 관대한 나라도 없다. 우리의 '국민 술'이라고 할만한 소주는 한 병에 1유로를 조금 넘는 가격이면 어디에서나 구할 수 있고, 3유로 정도면 대부분의 식당이나 술집에서 마실 수 있다. 유럽이나 미국은, 같은 곳에서는 맥주값이 물값과 크게 차이가 나지 않지만, 우리나라는 음식점에서 물이 거저 제공되고 있다.

　물과 술을 마시면 자연히 신진대사 때문에 오줌이 마렵게 마련이다. 오줌도 거저 누는 나라는 선진국 중 거의 우리나라가 유일하다. 베네치아나 바젤 같은 곳에서는 오줌 한 번 누는 데 우리나라 돈 3천 원 이상을 내야 하고, 파리에서는 차를 마셔도 오줌 누는 데 700원가량을 추가로 내야 하는 곳이 많다. 그 좋은 술을 마시고, 그에 따라 오줌 누는 데 또 돈을 내야 한다면, 그 나라는 지옥이 아닐 수 없다.

　빈Wien의 '스테판 대성당' 뜰은 지나칠 수가 없을 만큼 지린내가 진동한다. 노숙자들이 방뇨한 덕분이다. 암스테르담도 방뇨 때문에 도심 지역이 오줌 악취로 코가 막힐 지경인 적이 있었다. 네덜란드 사람들은 이 문제를 그들답게 현명하게 해결하였다. 곧 도심 곳곳에 입식 남자 변기를 아주 간단하게 만들어 놓았다. 오줌을 한데 모아 처리하기 때문에 악취가 없어진 것이다.

　술 가운데 싼 술로는 맥주가 있으나 맥주의 주정 함량은 아주 낮아 정작 술꾼에게는 인기가 없다. 통상 음료수로의 기능밖에 없는 것이다. 맥주를 가지고 빨리 취하는 방법은 증류주와 섞어 마시는 것이다. 우리나라의 폭탄주에 해당하는 방식이다. 술을 즐겨 마신다는 아일랜드인들에게는 술집이 '말 쉽게 하는 집'Speak easy이다. 일과가 끝나 집에 가기 전에 대부분 술집에 들러 '파인트'Pint를 즐긴다. 맥주 한 파인트는 2분의 1 쿼터quarter에 해당하는 500ml 정도의 양을 말한다. 맥주 한 파인트를 시켜 놓고, 위스키를 한 잔 마시고 나서 맥주를 뒤따라 마시면 이것이 바로 분리된 폭탄주인데, 이를 '위스키 체이서'Whisky Chaser라고 부른다.

위스키와 맥주를 따로 마시지 않고 섞어서 마시면 바로 '폭탄주'가 되는데, 이는 '보일러 메이커'Boiler-maker라고 부른다. 어떤 방법으로 마시든 이렇게 섞어서 마시면 우리나라의 폭탄주와 다를 것이 없다. 이는 해장도 될 뿐 아니라 취기도 빨리 온다. '아이리쉬위스키'는 '스카치위스키'에 비하여 '소댕내'(솥뚜껑에서 나는 냄새)라고 불리는 탄내가 더 난다. 미국의 '버번위스키' 같은 특유의 향내가 없어 마시기가 더 쉬울지도 모른다.

럼Rum주와 임금의 순환경제

스카치위스키나 아이리쉬위스키는 값이 만만치 않다. 따라서 임금 수준이 낮은 뱃사람들은 싼 술을 찾게 되고, 싼 술로 위스키 효과를 낼 수 있는 것이 사탕수수를 증류한 '럼'Rum주다. 럼은 사탕수수의 당분이 남아 있어서 달착지근해 다른 음료와 섞지 않고 그냥 마셔도 뒷맛이 나쁘지 않다.

블라이William Bligh(1754~1817)는 바운티His Majesty Bounty호의 함장이었다. 그는 타히티섬에 자생하는 '빵나무'breadfruit를 수집하여 영국으로 가져오라는 임무를 맡게 되었는데, 산 묘목을 배에 실어 가져

온다는 것은 쉬운 일이 아니었다. 화분에 '빵나무' 묘목을 심고, 그것을 함선 갑판에 두어 비를 맞게 하거나, 비가 오지 않을 때는 물을 뿌려줘야 하는데 그 일이 쉽지 않았다. 날씨가 가물 때는 선원들이 마실 물을 묘목에 줘야 하는 일까지도 일어났다.

블라이 함장은 매우 고지식한 사람이어서 선원들에게는 식수도 제대로 공급하지 않고, 명령대로 '빵나무'를 무사히 영국까지 가져가기 위해 '빵나무' 묘목에만 물을 줬다. 그러자 바운티호의 부함장 후렛처 크리스티안Fletcher Christian이 반란을 일으켰다. 블라이 함장은 배를 빼앗기고 작은 구명선에 실려 두 달 가까이 남태평양에서 표류하다가 인도네시아 근처에서 구조되었다. 영국 해군은 블라이 함장을 위기를 지혜롭게 극복한 해군의 영웅으로 칭송했다.

한편, 선상 반란을 일으킨 크리스티안 일행은 영국 해군의 해도에도 표시되지 않은 '핏케언'Pitcairn라는 섬에 도착하여, 배를 불태운 뒤 그곳에 정착하기로 했다. 바운티호를 다시 찾아 군법을 집행하려고 한 영국 해군은 1789년까지도 배를 찾지 못했고, 수십 년이 지난 뒤 핏케언 섬에서 백인과의 혼혈 아이들이 거주하고 있는 것을 보고, 크리스티안 일행이 이 섬에 표류한 뒤 원주민 여성들과 혼인하여 살아왔을 것이라고 짐작했다. 그리고 크리스티안이 그 섬의 원주민에 의해 살해되었다는 소문만 전해 들었다. 이것이 '바운티호 선상 반란'The Bounty mutiny의 결말이다.

블라이 함장은 나중에 진급하여 오늘날 오스트레일리아의 한 지역인 뉴사우스웨일스의 총독으로 임명되었다. 당시 오스트레일리아는 제임스 쿡James Cook(1728~79)에 의해 '발견'된 후 영국의 식민지가 되었고, 영국은 주로 죄수들을 그곳에 유배시켜 대륙을 개발하는 정책을 폈다. 이곳에 유배된 죄수들은 아주 낮은 임금을 받고 강제노역을 당했는데, 일정 기간을 모범적으로 보내면 정착금과 함께 오스트레일리아의 내륙 쪽 토지를 분배해 주어 다시 그곳을 개척하는 임무를 맡게 했다.

죄수들이 강제노역 속에서도 즐길 수 있었던 유일한 낙은 정부가 독점 판매하는 '럼'을 구입해 마시는 일이었다. 럼만 있으면, 식민지 영국 당국은 화폐를 새로 공급할 필요도 없이 럼을 판매한 수입으로 다시 임금을 지급할 수 있었다. 그런 상황에서 새로이 총독으로 부임한 블라이는 바운티호 때의 버릇을 버리지 못하고, 럼의 공급을 줄여 럼주의 가격을 올렸다. 럼의 양도 부족하고 가격도 오르게 되자 1808년 오스트레일리아에서 '럼 폭동'The Rum Rebeillion이 일어났다. 이 폭동은 1810년까지 두 해나 이어졌고, 블라이는 폭도들에게 인질로 잡혔다.

럼에 얽힌 이야기는, 럼이 '선원과 해적의 술'이라는 이유로 흥미롭다. 럼을 마시는 법도 여러 가지가 있는데, 그중 미국인들이 마시는 방법이 독특하다. 사탕수수는 남아메리카가 원산지이기 때문에 당연히 그곳의 토지와 기후에 잘 맞는다. 사탕수수에서는 설탕을 뽑아내기도 하지만, 럼의 주원료도 된다. 쿠바는 설탕 생산에서 세계 1위를 차지하고 있었기 때문에 부수적으로 럼 생산에서도 우뚝한 편이었다.

럼 자본주의, 럼 사회주의

1898년 스페인과의 전쟁에서 승리한 미국은 쿠바를 스페인의 식민지에서 해방시켰으나, 실상은 쿠바의 경제력을 완전히 장악한 것이다. 쿠바의 국민총생산에서 설탕이 차지하는 비중이 65% 이상이었고, 그 사탕수수밭의 소유주가 거의 100% 미국 사람이었다는 사실에서도 이를 확인할 수 있다.

피델 카스트로Fidel Castro(1926~2016)가 1959년 혁명을 일으켜 바티스타Fulgencio Batista(1901~73) 정부를 몰아낼 때, "쿠바 땅에서, 쿠바 사람들이 생산한 설탕을 왜 미국이 가져가느냐?"는 질문을 던져 쿠바 경제가 이미 미국에 예속되어 있음을 극명하게 지적하고 있었다. 당시 쿠바 대통령이었던 바티스타는 미국의 뇌물을 받았고, 또 정권을 유지하기 위해 자기 부하들에게 뇌물을 주었다.

바티스타는 이발사 출신으로 너무 배가 고파 군대에 가면 밥은 굶지 않을 것이라는 생각으로 군에 입대했다. 그는 부사관까지 진급하고 정변을 일으켜 대통령이 되었지만, 말 그대로 제국주의자들의 끄나풀 노릇밖에 하지 못했다.

스페인의 식민지보다는 독립된 쿠바를 갈망하였던 쿠바 지식인들은 늘 가까이 있는 민주주의 나라 미국이 도와주었으면 하는 바람이 있었다. 미국을 상징하는 음료로 코카콜라가 있다. 미국은 어느 나라에 진출하든 그 상징으로 코카콜라를 보급하는 것이 전략이었다. 쿠바에서 생산되는 럼에 코카콜라를 섞고, 설탕에 절인 서양 앵두 한 알을 띄우면 바로 달콤한 '쿠바 리브르'Cuba Libre라는 '수탉 꼬리'가 된다.

그러나 애주가들은 '쿠바 리브르'를 많이 마시지 않는다. 달콤하고 시원하므로 여름날 갈증을 해소하는 정도로 한잔 마시는 이른바 '긴 술'Long Drink로, 흔히 길쭉하여 손으로 잡기 좋은 가느다란 잔에 마신다. 병째로 들이키는 해적들의 럼과는 마시는 방법이 다르다.

럼은 오스트레일리아에서도 많이 소비되었다. 오스트레일리아 식민지 정부가 럼으로 죄수들의 노동력을 싸게 착취하여 식민지 경제를 발전시켰으니, 오스트레일리아 경제는 바로 '럼 자본주의'Rum Capitalism라 할 수 있다. 쿠바 경제도 자본주의로 가는 듯하다가 럼 때문에 사회주의가 되었다. '럼 사회주의'Rum Socialism라고 불러야 할지?

스페인과 포르투갈은 근대에 들어 방대한 해양제국을 건설하였다. 콜럼버스의 신대륙 도착 이후 아메리카 대륙은, 북쪽 일부를 제외하고는 모두 스페인이나 포르투갈의 식민지가 되었다. 콜럼버스가 미 대륙에 갈 수 있게 도와준 것도 바로 두 나라다.

오늘날의 미국 캘리포니아 남부로부터 시작하여 텍사스, 애리조나, 뉴멕시코, 콜로라도 등은 물론 중남미 모두가 스페인과 포르투갈의 식민지였다. 이 드넓은 땅을 차지한 스페인과 포르투갈은 1820년대까지 식민지를 유지하다가, 미국과의 전쟁 또는 현지인의 독립운동 등으로 식민지를 잃을 때까지 300년 가까이 그곳을 다스렸다.

브랜디를 둘러 싼 식민모국과 식민지의 갈등

이베리아반도 사람들의 주특기 가운데 하나가 포도 양조 기술이다. 날씨가 온난하고, 강수량이 많지 않았던 남아메리카도 포도 생산의 적지 가운데 하나였다. 오늘날 우리나라에서 가장 많이 소비되는 칠레산 포도주가 바로 이러한 사실을 증명하고 있다. 칠레산 포도주가 프랑스산 포도주보다 값이 싸지만, 결코 품질이 나쁘다는 것을 뜻하지는 않는다. 남미산 포도주가 값이 싼 데는 여러 가지 이유가 있으나, 품질이 나쁘다는 것이 싼 이유는 아니다.

포도주를 증류해서 알코올 도수를 높여 만든 술이 브랜디다. 포도주에 대비하여 거의 세 배가량의 알코올이 함유되어 있어 빨리 취하고 싶으면 브랜디를 마신다. 세상에서 가장 비싼 술도 브랜디 중에 있다. 얼마나 좋은 포도주를, 어떻게 증류해서, 어떤 술통에서, 얼마 동안 숙성시켰느냐에 따라 값이 천차만별이다.

그래서 브랜디를 나누는 등급에도 여러 가지가 있다. 브랜디는 비싸서인지, 다른 증류주처럼 홀짝홀짝 마셔버리지 않고 혀끝으로 조금씩 음미하면서, 마신다기보다는 핥는다. 곧 '드링킹'drinking이 아니라 '십핑'sipping이다. 그리고 다른 술에 비하여 '수탉 꼬리'로 만들어 마시지 않고 그 자체로 마시면서 음미하는 후식주, 곧 밥을 다 먹고 마시는 '애프터드링킹'Afterdrinking이다.

  남미에서 생산된 포도주는 인건비, 지대 등등 때문에 유럽에서 생산하는 포도주보다 값이 쌀 수밖에 없다. 값이 쌈에도 불구하고 옛날에는 운송 문제, 품질 유지 문제 등으로 남미에서 생산되는 포도주가 유럽에까지 오는 데는 문제가 많았다. 따라서 유럽산 포도주와 남미산 포도주는 서로 경쟁상대가 되지 않았다. 그러나 포도주에서 증류된 브랜디는 알코올 도수가 높고 양이 적기 때문에 쉽게 유럽으로 반입될 수 있었다.

  그러자 유럽 양조업자들은 남미산 브랜디의 유럽 반입을 막으려는 갖은 노력을 벌여 '식민지에서의 브랜디 제조 금지'라는 특권을 얻어냈다. '식민지 남미'로서는 브랜디 생산의 전면금지를 받아들일 수밖에 없었다. 그러나 남미에 거주하는 식민지 관리들이 브랜디를 마시지 않을 수는 없었다.

  이렇게 해서 개발된 남미산 브랜디가 '피스코'Pisco다. 일명 '숙성되지 않는 브랜디'Unaged Brandy라고 불리는데, 색깔은 투명하고 전통적인 브랜디에 비해 맛이 좀 다르다. '피스코'에 레몬이나 라임 주스를 넣고, 가루 설탕Powder Sugar 또는 분당粉糖을 넣어서 맛을 조절하면, 남미에서 즐겨 마시는 '피스코 사우어'Pisco Sour가 된다. 얼음을 넣어서 흔들어 마시면 여름 술로 아주 좋다.

  술을 증류하는 과정에서 불가피하게 주정에 메탄올 성분이 섞이게 되고, 이것 때문에 심하면 실명하거나 목숨을 잃게 된다. 그러니까 좋은 증류주는 증류 첫 단계에서 발생하는 메탄올을 제거하고 증류 중간 단계에서 생기는 에탄올만 추출하여 만든다. 또한, 증류 끝 단계에서 생기는 '흰개'White Dog라는 물질도 심한 숙취를 일으키므로 제거하게 된다.

1920년대 미국에서 금주령이 내려지면서 많은 위스키가 밀주로 만들어졌다. 이때 허가 없이, 또 품질 관리 없이 만들어진 밀주를 '달빛'Moonshine이라고 부르고, 이렇게 밀주를 만드는 사람을 '달빛받이'Moonshiners라고 불렀다. 당연히 밀조된 술은 품질 관리가 제대로 되지 않았고, 생산량을 늘리기 위해 증류 마지막 단계의 '흰개'를 제거하지 않았다. 그렇게 되면 술 색깔이 달빛처럼 희게 된다는 데서 '달빛'Moonshine이 유래되었다.

미국 역사상 가장 바보 같았던 법이 금주령이었다. 금주령 때문에 밀주를 만드는 조직범죄가 성장했다. 시민들은 갑갑해 하였고, 숙취가 심한 밀주를 마셨다. 숙취 때문에 미국에서 발생하는 경제적 손실은 밀주가 없어진 지금에도 1년에 1천 6백억 달러에 이른다고 추산하고 있다. 또 음주운전으로 사망하는 사람이 연 1만 3천 명, 그리고 알코올 중독 치료에 들어가는 의료비가 연 200억 달러에 이른다는 연구도 있다.

이렇게 술은 잘 만들어 수출하게 되면 외화를 벌어들여 한 나라의 국제수지를 개선하고 경제에 활력을 불어 넣어준다. 그러나 잘못하면 국민경제에 커다란 부담이 된다. 미국 건국의 지도자 중 한 사람인 프랭클린Benjamin Franklin(1706~90)이 단언했다.

"하느님이 비를 내려 주시고, 그 비로 포도와 밀이 자라 술이 만들어지는 것을 보면, 분명 술은 하느님이 우리를 사랑하시고, 또 우리가 행복해지기를 바란다는 증거임에 틀림이 없다."

딱딱한 돈, 무른 돈

구실 못하는 돈은 휴지로도 못 써

해외를 나가면, 거리 곳곳에 모든 나라가 발행하는 돈을 팔고 사는 가게가 담배 가게처럼 늘어서 있다. 내가 처음 해외여행을 갔던 1960년 대만 하더라도 우리나라 돈은 해외에서 쓸 수가 없었다. 곧 우리나라 돈은 해외에서 받지도 않고, 또 바꾸어 주지도 않았다. 이런 돈을 경제학에서는 '무른 돈'軟貨, Soft currency이라고 부르는데, 나라 밖에서는 돈 구실을 하지 못한다.

지금도 방글라데시 같은 나라의 돈은 해외에 나오면 휴지 역할도 못 한다. 부드럽지가 않아 휴지로도 쓸 수 없는 것이다.

내가 중앙아시아 소재 구소련 나라를 여행할 때인 1990년대도 그들 나라에서는 우리 돈을 쓸 수가 없었다. 물건도 살 수도 없고, 바꾸어 주지도 않았다. 내가 묵었던 호텔도 우리 돈을 받지 않았고, 미국 달러도 현찰은 받지 않고 신용카드만 받았다. 달러 현찰을 왜 받지 않느냐고 물었더니, 우리나라에서 만들어진 위조지폐를 자기네 호텔에서 진위 판별을 할 수가 없기 때문이라는 것이다. 나를 북한 사람으로 알았던 모양이다.

'딱딱한 돈' 硬貨, Hard currency은 아무 데서나 그 나라의 돈과 바꿀 수 있으면서 외화로서도 당당하게 거래되는 미국 달러, 유로, 일본 엔, 영국 파운드 같은 돈을 말한다. 곧 그 나라의 신용도가 높아 세상 어디에서나 믿고 쓰는 돈이다. 통화 가치도 안정되어 있고, 또 쉽게 화폐개혁의 대상이 되지 않기 때문에 국제 사회에서 신뢰받는 돈이다. 오래 가지고 있어도 돈의 가치가 변하지 않고, 언제나 다른 나라의 돈으로 바꿀 수 있다.

이렇게 한 나라의 돈이 '딱딱한 돈'이 되려면, 그 나라의 중앙은행이 철저하게 통화를 관리해 물가상승에 따르는 통화 가치의 하락을 막을 수 있어야 한다. 물가를 안정시켜야 한다는 것은 통화의 공급량을 철저하게 관리하여 물가가 오르지 않도록 하는 것이다. 국민 대부분은 중앙은행이 통화를 과다하게 공급하여 물가가 올라가는 것을 잘 느끼지 못한다. 특히 물가가 아주 천천히 올라갈 때는 더욱 그러하다. 점점 뜨거워지는 물속에서 개구리가 그것을 느끼지 못하고 죽는 것과 다를 바가 없다.

못 사는 나라가 못 살게 되는 이유 가운데 하나는 바로 정부가 중앙은행을 장악하여 국민의 경제생활과는 무관하게 돈을 많이 찍어 푸는 데 있다. 돈의 가치가 떨어졌다는 사실을 국민이 알아차리려면 꽤 시간이 지난 뒤이므로 마치 천천히 죽어가는 더운물 속의 개구리 같은 현상이다.

이렇게 자기 나라의 돈이 세계 시장에서 돈 구실을 못 하면, 항시 돈 구실을 제대로 하는 '딱딱한 돈' 곧 외화를 어느 정도 가지고 있어야 한다. 외화를 어느 수준까지 보유하고 있으려면 우선 물건이나 용역(서비스)을 많이 팔고, 상대적으로 그런 것을 덜 사들여, 국제수지가 흑자가 되어야 외화가 쌓여 외환보유고가 증대하게 되는 것이다. 우리나라의 증권시장 같은 데서 외국인이 주식이나 채권을 많이 사들여야 한다. 물론 그렇게 들어온 돈은 외국인들이 우리의 주식이나 채권을 팔면 다시 빠져나가기 때문에 영구적이지 않다.

서로 비등비등해야 나라 사이도 돈 바꿔줘

우리나라처럼 수출도 많이 하지만 수입도 많이 하는 나라는, 항상 상당한 액수의 외화보유고를 갖추고 있어야 한다. 우리에게 꼭 필요한 물품을 우리나라 돈으로만 사들일 수가 없기 때문이다. 그래서 한 나라의 경제적 안정성을 눈여겨볼 때도 외환보유고가 얼마 되는지를 따져 보는 이유가 거기에 있다.

외환보유고가 줄어들면 국민경제의 건강에 이상이 있다는 신호다. 1997년에 우리나라가 겪었던 외환위기가 바로 이에 해당한다. 외환보유고를 떨어지지 않게 하려고 '돈 바꾸기'Swap라는 것을 하는데, 이는 단기적인 조치가 아니므로 늘 미리미리 준비해야 한다.

'스왑'이라고 불리는 '돈 바꾸기'는 우리나라 돈과 외화를 일정 규모 바꾸어 상호 보유하고 있는 것을 말한다. 미국이나 일본도 우리나라에서 물건을 사가고 있으므로 우리나라 돈이 필요하다. 따라서 우리나라 중앙은행은 미국의 연방준비제도나 일본은행과 일정액의 미 달러나 엔화를 우리 돈으로 바꾸어 가지고 있다. 이렇게 '돈 바꾸기'가 자리를 잡으려면, 두 나라 사이에 굳건한 신뢰가 필요하므로 정치외교는 물론 경제외교도 원활하게 이루어져야 한다.

한 나라의 외환보유고가 떨어지면 첫 번째 현상으로 환율이 올라간다. 곧 외화 값이 올라가게 되고, 가계나 기업은 올라가는 외화 값에 대비하기 위하여 외화를 더 확보하려고 한다. 외화 값이 올라가면 우리가 필요해서 사들이는 상품이나 서비스의 값도 따라 올라가게 되고, 우리가 수출하는 상품이나 서비스의 값은 우리나라 돈으로는 같은 값이나 외화로는 값이 떨어져 외화 수요가 더 줄어들게 된다. 그러면 국내 물가도 다시 올라가는 악순환을 면치 못하게 되고, 이게 반복되면 경제 상황이 급랭한다.

그렇게 되면 1997년처럼 정부가 국제금융기구에 돈을 꾸어 달라고 구걸할 수밖에 없게 된다. 돈을 꾸어줄 수 있는 국제금융기구는 '국제통화기금'IMF이 가장 크고 중요하다. 거기서 돈을 꾸려면 우리나라가 앞으로 꾼 돈을 갚을 수 있을지 조사를 받아야 하고, 의사가 환자에게 지시하듯이 우리나라 경제 운영에 이 기구의 '권고'를 받아들여야 한다. 짜게 먹지 말고, 술도 마시지 말고, 체중도 줄이고… 등등 힘든 절제력을 갖추도록 권고를 받으며, 때에 따라서는 우리나라 경제 정책의 자립성과 주체성마저도 포기하도록 '권고'한다.

당시 우리나라의 환율은 급상승하였고, 이자율도 상당히 높게 뛰면서 기업과 가계는 경제적으로 사경을 헤맸다. 대통령 후보자들은, 당선되면 그런 '권고'를 지키겠다는 굴욕적인 약속을 했다. 우리나라에 식민지 총독처럼 국제통화기금 직원이 상주하면서 우리 경제의 모든 것들을 '감시'하였다. 나라 꼴이 말이 아니었다. 이것이 바로 돈 구실을 못 하는 돈을 가지고 있는 나라가 겪은 수모이다. 그래서 외환보유고가 중요한 것이다.

외환의 중요성은 여기에서 끝나는 것이 아니다. 못 사는 나라의 경제가 성장하려면 저축을 많이 하여 그 돈으로 투자를 해서 자본을 형성하는 것이 필요하다. 가난한 나라가 가난을 면치 못하는 것은, 가난하기 때문에 저축을 못 하고, 저축을 못 해 투자를 못 하고, 투자를 못 해 성장할 수가 없고, 그래서 가난해지는 '가난의 악순환'이 작동되기 때문이다. '가난의 악순환'의 고리를 끊으려면 바로 외화가 필요하다. 부자 나라가 저축한 돈을 꾸어다가 그 돈으로 자본을 형성하여 성장의 기초를 만드는 것이다. 자본 형성에 필요한 자본재는 외화로 외국에서 사들여야 한다. 돈을 꾸어다가 잘못 쓰면 갚지도 못하고 빚만 지게 되니, 결국은 나라의 경제적 이권을 넘겨주거나 경제정책 시행의 주권을 내주어야 한다.

단기적으로는 느끼지 못하나 통화 가치가 하락하고 돈이 해외에서 돈 구실을 못 하면, 그 나라는 영원히 가난에서 벗어날 기회를 잃어버리게 된다. 그러나 정치인들은 생각이 다르다. 자기가 집권하고 있는 동안에는 돈을 풀어 경제가 잘 돌아가는 것처럼 보이도록 한다. 그래서 다시 어리석은 백성들의 표를 끌어와 집권하게 되면, 궁극적으로 돈 가치가 떨어져서 장기적으로는 국민경제가 파탄 난다. 이 점을 알면서, 또는 모르면서 그런 정책을 집행하다가 결국은 정권이 바뀌고, 또 새 정권이 들어서도 마찬가지로 반복된다.

경제학자 슘페터Joseph Alois Schumpeter(1883~1946)는 일찍이 "정치하는 사람들은 서투른 기사와 같아 말에서 떨어지지 않으려고만 애를 쓰니 말이 어디로 가는지를 모른다"고 설파했다. 필리핀의 '2천 켤레의 구두'로 남은 여인 이멜다와 그녀의 남편 마르코스Ferdinand Edrailin Marcos(1917~89) 대통령은 독재와 부패, 정치적 암살로 악명을 떨친 정치인 중의 한 사람인데, 그도 이런 '명언'을 남겼다.

"내가 국민의 피를 빨아먹은 정치인이지만, 국민이 선거로 나를 갈아치우고 새 사람을 뽑는다면 더 많은 피를 빨아먹을 것이다. 나는 이미 모기장 안에 들어와 있는 모기이기 때문에 배가 불러서 피를 덜 빨아먹지만, 모기장 밖에서 굶주렸던 자들은 모기장 안으로 들어오면 그동안 못 먹었던 피까지 더 빨아 먹는다. 곧 국민은 피를 더 빼앗길 것이다."

경제성장의 '숫자 놀음'

선진국이 된 한국 – 반은 맞고 반은 틀리다

한국전쟁이 끝나고 대한민국은 말 그대로 '풀뿌리와 나무껍질'[草根木皮]로 연명하는 가난뱅이 나라였다. 전쟁으로 파괴된 도시와 산업시설은 두보杜甫(712~70)의 시 '산하에는 나라가 망가진 것이 남아 있고,'國破山河在 한 구절처럼 처연하기만 했다. 당시 우리나라 사람이 한 해에 생산할 수 있는 가치, 곧 소득은 60달러에 불과해 세계에서 가장 가난한 나라 가운데 하나였다.

자원이 없으니 뭐라도 만들어 해외에 팔 것도 없었다. 있는 것이라고는 사람과 그 머리에서 자라는 머리털밖에 없었다. 그래서 가장 큰 수출 품목도 가발이었다. 정부는 경제개발 5개년계획이라는 것을 세워 나라 경제를 성장시키려고 했다. 그러나 돈이 없었다. 정부는 부랴부랴 '외자 도입 촉진법'이라는 것을 만들어 해외로 돈을 '구걸'하러 다녔다.

한국전쟁 때 참전했던 미 육군 장군 밴 플리트James Alward Van Fleet(1892~1992) 대장을 거간으로 삼아 많은 구전을 줘가며 해외에서 돈을 꾸어오게 했고, 일본과도 '한·일국교 정상화'라는 유화책으로 돈을 받아오기까지 했다. 얼마나 돈이 급하였던지, 그때 허겁지겁 체결된 협약 때문에 종군위안부나 강제징용문제 등은 지금도 양국 간에 티격태격하고 있다.

어찌 되었든 우리나라는 외화를 들여와 경제개발에 착수하였고, 수십 년이 지난 지금에는 세계의 어느 나라보다도 살기 좋은 곳으로 바뀌었다. 1인당 국민소득이 60달러에서 4만 달러를 육박할 만큼 경제 규모가 커지고, 반도체, 조선, 자동차, 전자제품과 같은 생산품은 물론 야구선수, 골프선수, 축구선수, 가수들까지도 세계가 알아주는 나라로 바뀌었다.

1950, 60년대에 한국을 방문하였던 영국 '왕립아시아협회'Royal Asiatic Society의 역사 탐험가들은 우리나라에 호텔이 없어 기차 객실을 개조하여 생활공간으로 삼으면서 경주, 부여, 부산, 진해 같은 곳을 방문할 정도였는데, 1988년에는 우리나라에서 올림픽이 열릴 정도로 모든 것이 발전되었다. 겨울이면 엉덩이를 까고 벌벌 떨면서 배변을 보고 신문지나 파지로 뒤처리를 했던 생활공간이 대부분 수세

식과 중앙난방으로 바뀌었다. 한국전쟁에 참전했던 국제연합군 노병들이 한국을 방문하여 목격한 변화는 그들을 눈물 흘리게 했다. 자기들이 흘린 피가 헛되지 않았다는 증거가 한국인 것이었다.

그러나 1인당 국민소득이 60달러에서 3만 달러로 늘어났다고 하여, 국민이 숫자 그대로 500배 이상 더 잘 산다고 할 수 있겠는가? 그렇지 않다. 분명히 잘 사는 것은 틀림없다. 쌀도 남아 돌아가고, 겨울에도 싱싱한 채소와 딸기를 먹을 수 있으며, 가정부의 일당이면 좋은 구두 한 켤레, 그리고 좋은 음식을 열 끼 가까이 먹을 수 있게 된 것도 사실이다. 그러나 그 숫자가 그렇게 딱 부러지게 정확한 것은 아니다.

모순 – 국민소득과 국민의 삶의 질

1930년대 미국 상무부는 어떻게 하면 미국의 국부國富를 정확히 추계할 수 있을까, 고민하기 시작하였다. 이에 미국 정부는 펜실베이니아 대학의 경제학 교수 쿠즈네츠Simon Kuznets(1901~85)에게 "미국이 한 해에 새로이 생산하는 가치를 추정해달라"고 요청하였고, 이 요청에 부응하여 만들어진 개념이 '사회회계'Social accounting라는 방식으로 추산되는 '국민소득'으로 구체화 되었다.

사회주의자들과는 달리 쿠즈네츠는 "이미 생산된 물품에 새로 추가되는 부가가치Value added를 무엇이 생산하는가"라는 기본적인 물음부터 시작하여, 노동력 외에 자본, 토지, 기술 등이라고 보고 이를

'생산요소'라 하였다. 부가가치, 곧 새로 추가 생산하는 데 기여한 생산요소는 당연히 가치를 분배받는 데도 참여할 수 있게 되고, 이를 '요소 비용'이라고 부르며, 임금, 이윤, 이자, 지대, 기술 사용료와 같은 것을 새로 창출된 소득이라고 보고, 이러한 소득들을 일정 기간, 일정 지역 내에서 합산하면 그것이 바로 국민소득이 된다고 보았다.

그러나 이렇게 합산되는 개념 속에는 여러 가지가 포함되어 있으므로 무엇을 넣고 빼느냐에 따라 국민소득은 그 크기가 다르게 된다.

이렇게 새로이 추계 되는 소득은 그 나라의 시장가격으로 평가된다. 따라서 세금이 많이 포함되면 총계개념의 소득도 크게 추계될 수밖에 없다. 그래서 국민소득 총계개념에서 세금 등을 빼고 계산하면 순계 개념으로 바뀌게 되고, 이러한 식으로 가감하면 국민총생산, 국내총생산, 국민총소득, 국민소득, 가처분소득 등 여러 가지 개념으로 소득을 추계할 수 있다.

여기에서 문제가 되는 것은 "그 나라의 국민소득은 그 나라의 시장가격으로 평가된다"는 명제이다. 모든 나라의 물가가 동일한 것은 아니다. 물가가 비싼 나라는 그만큼 국민소득이 크게 계산된다. 스위스 취리히에서는 짜장면 한 그릇이 1만 7천 원인데 서울에서는 8천 원밖에 안 된다. 택시 요금도 마찬가지다. 뉴질랜드에서는 택시의 기본료가 1만 원이라고 한다면, 질은 나쁘지만, 방글라데시 다카의 기본요금은 200원밖에 되지 않는다. 반대로 서울에서 5천 원 하는 생맥주가 방글라데시에서는 1만 원 가까이 된다. 후진국에서는 노동력이 저렴하므로 노동집약적인 가정부의 서비스 값이 싸지만, 자본집약적인 기계제품의 값은 비싸게 마련이다. 또 물가는 시간이 지나면 따라 오른다.

국민소득은 또 시장화가 얼마나 넓게 형성되었느냐에 따라 다르게 계산된다. 옛날 어머니가 마당에서 뛰어놀던 닭을 잡아 백숙을 끓여주면, 그 음식은 국민소득 계산에서 빠진다. 그러나 이런 것들이 상업화되면서, 양계장에서 닭을 키우고, 이렇게 키운 닭을 공장에서 사다가 육계로 가공하고, 또 그것을 닭튀김 가게에서 먹을 수 있도록 조리하면 그 과정마다 부가가치가 추가되어 모두 국민소득 추계에 포함된다.

또한, 유행병이 많이 돌아 약을 많이 소비하고, 의사의 활동이 많아지면, 이 모든 과정에서 발생한 부가가치가 국민소득에 포함되어 유행병이 없을 때보다 소득은 더 많은 것처럼 계산된다. 산업화에 따라 도시가 발전하고 치안이 나빠지면 범죄를 방지하기 위한 인력이 늘어나고, 각종 방범 시설이 생산되므로 이 또한 국민소득을 커지게 하는 요인이 된다.

'맥도날드 햄버거'로 추계한 국민소득

국민소득을 생산하기 위해 고갈된 자원은 소득 계산에서 고려되지 않는다. 광물을 채굴하면 그 순간 광물이 새로 생긴 것인 양 소득으로 계산되나, 사실은 그만큼 그 나라의 부존자원이 고갈된 것이다. 벌목량이 늘면 또 그만큼 국민소득이 늘지만, 벌목한 나무만큼 그 나라의 산림자원이 줄어든 것이다. 오염된 공기를 정화하기 위해 드는 비용은 모두 국민소득에 계산되나, 사실은 생활환경은 나빠졌는데도 소득이 늘어난 것처럼 보이게 된다.

우리나라의 국민소득이 방글라데시와 대비해 40배 크다고 하여 우리나라가 방글라데시보다 40배 더 잘 사는 것은 아니다. 옛날 어머니들이 집에서 자식을 키울 때는 어머니의 노고가 국민소득으로 계산되지 않았으나, 부부가 맞벌이하면서 아이들을 탁아소에 맡기면 모두가 새로운 국민소득으로 추가 계산된다.

경제학자들이 창안한 국민소득은, 지금까지는 그 방법이 최선의 개념을 도출했으나 완벽하다고는 할 수 없다. 따라서 일부 학자들은 이러한 약점을 보완하기 위하여 여러 가지 방법을 고안하였다. 가장 간단한 방법으로 '햄버거 지수'라는 것도 있다.

오늘날 세계의 대부분 나라에서는 표준화된 '맥도날드 햄버거'가 팔리고 있다. 그런데 '맥도날드 햄버거' 값은 나라마다 다르다. 여기에 초점을 맞추어 햄버거값을 달러로 바꾸어 미국 뉴욕의 햄버거값과 비교, 미국 햄버거값을 100이라고 할 때 우리나라 햄버거값이 110이 되면, 우리나라 돈은 100/110으로 곱하여 그만큼 평가를 낮추고, 그 값으로 다시 국민소득을 평가하는 것이다.

이러한 원리를 좀 더 이론화하여 만든 개념이 '국민소득등가구매력지수'Purchasing Power Parity다. 이는 주요 상품의 값을 나라마다 조사하여 이것을 미국 뉴욕의 가격과 비교하여 만든 지수다. 이 작업은 세계은행이 미국 펜실베이니아 대학교 경제학 교수들에게 의뢰, 1960년대부터 만들어지기 시작하여 널리 쓰이고 있다.

또한, 국제연합은 전 세계를 돌아다니는 직원들의 출장비 근거를 산출하기 위해 한 달에 두 번씩 '일당 생계비'Daily Subsistence Allowance를 계산하여 발표하고 있는데, 내가 출장을 다닐 때 서울의 일당이 250달러 정도라면 부탄 팀푸Thimpu의 일당은 25달러였다. 이런 것들도 구매력을 평가하는 데 지수로 사용될 수 있는 것이다.

지하경제와 부패

지하경제와 조직범죄

물건을 만들고, 용역을 제공하고, 이를 유통하는 경제 활동은 언제나 합법적인 것만 있을 수는 없다. 모든 나라의 경제 활동은, 정도의 차이는 있지만 불법 활동도 있게 마련이다. 마약 같은 것을 생산하여 판다든지, 사창가를 운영하여 성을 돈벌이로 삼는다든지, 또는 해외에서 구매하지 말아야 할 물품이나 서비스를 사들이거나 파는 행위들은 분명 경제 활동이지만 불법이다.

이렇게 광범위하게 이루어지는 불법적인 경제 활동에는 공통점이 하나 있는데, 세금을 내지 않는다는 것이다. 불법적인 경제 활동이므로 세금을 납부하면 불법행위가 노출되기 때문에 자연히 탈세가 이루어질 수밖에 없다. 이렇게 불법적인 경제 활동이 이루어지는 영역을 '지하경제'Underground Economy라고 부르는데, 지하경제가 발생하는 것에는 여러 가지 이유가 있다.

네덜란드 같은 나라에서는 마리화나의 생산, 판매, 거래 등이 법으로 보장되고 있고, 미국의 일부 주들도 마리화나의 생산과 유통이 합법화되어 있다. 그러나 우리나라에서는 엄격하게 불법으로 규정되어 있다. 마찬가지로 네덜란드, 독일 같은 나라에서는 매춘이 합법화되어 있어, 윤락녀들이 정기적으로 나라가 지정하는 병원이나 의사에게 신체검사를 받아 고객에게 질병을 옮기지 못하도록 하고 있으며, 심지어 노동조합도 있어 고용주로부터 부당한 처우를 받지 않도록 제도화되어 있다.

1990년대 말 내가 말레이시아에서 살 때, 그 나라는 하도 법이 엄격하여 일정량 이상의 마약을 가지고 있으면 사형을 당하기도 했다. 그때 네덜란드로 출장을 갈 기회가 있었다. 저녁에 암스테르담 도심의 술집에 들러 맥주 한 잔을 마시고 있는데, 웬 젊은이가 접근하더니 마리화나를 권하는 것이었다. 당연히 "나는 그런 짓을 하지 않는다"고 단호하게 거절하였다. 그가 어느 나라에서 왔느냐고 물어 '말레이시아'라고 했더니 "그 나라는 마리화나 소지죄로 사람을 죽이기도 하니 겁나겠지만, 이곳은 문명국이어서 아무나 사고팔며, 또 피울 수도 있으니 안심하라"고 나를 달래주었다.

그 술집에서 나와 모퉁이를 돌면 바로 운하가 있고, 운하를 따라

홍등가가 즐비했다. 홍등가의 업소 창문에는 거의 전라의 윤락녀들이 손님을 끌어들이려고 의자에 앉아 지나가는 관광객을 호객하고 있었다. 손님이 들어오면 커튼을 내리고 영업행위에 들어가면 된다. 물론 나라마다 역사와 풍습이 다르므로 일률적으로 무엇은 되고, 무엇은 안 된다는 통일된 기준을 세울 수는 없다.

아무도 모르는 지하경제 규모

이렇게 어떤 경제 활동이 합법적이냐 여부에 따라 세금이 부과되고, 그래서 정부 세입은 늘지만, 국민소득은 적게 추정되게 마련이다. 한 나라의 지하경제 규모가 얼마나 되는가 하는 점도 일률적으로 추계할 수 없다. 지하경제를 움직이는 주체도 다소간의 차이가 있다. 지하경제는 대개 그 나라의 범죄조직과 관련되어 있어, 지하경제의 규모도 범죄조직의 크기와 강도에 따라 결정된다.

지하경제는 생산물 시장보다는 금융시장에서 더 크게 포착되기도 한다. 정부 개입이 지극히 심대하여 금융시장의 운영이 시장 원리대로 작동되지 않으면 불가피하게 지하경제는 창궐해갈 수밖에 없다. 우리나라 관치금융 아래에서의 금융시장이 바로 대표적인 예이다. 물가상승이 만성적이고, 돈값은 싸게 책정되면, 돈을 사겠다는 수요자는 많으나 돈을 팔겠다는 공급자는 적을 수밖에 없어, 은행에서 싼 이자로 돈을 빌릴 수 있으면 돈 버는 게 땅 짚고 헤엄치는 것처럼 쉽다.

그래서 합법적으로 은행에서 돈을 정해진 가격에 살 수 있다는 경제 활동은 특권이 된다. 이러한 특권이 없는 사람은 돈을 사기 위해 사금융시장으로 몰릴 수밖에 없다. 지하경제의 대표적인 예시인 사금융시장, 곧 사채시장에서는 시장의 원리가 제대로 작동되지 않으므로 이자가 높을 수밖에 없다. 이렇게 지하경제에서 발생하는 이자소득은 세금을 낼 필요도 없는 원천이어서, 그 시장은 조직 범죄자들과 연계되어 있기도 했다.

이런 유의 지하경제는 신용불량자 또는 범죄 수익자들이 주요 고객이다. 이들은 쉽게 노출되지 않아 발각되기도 어렵고, 또 제대로 파악도 되지 않는다. 그 규모도 후진국이라서 더 크고, 선진국이라고 더 작다고 할 수 없다. 선진국은 대부분 마약 거래에서 발생하는 수익과 자금이 이러한 사금융시장과 연계되어 있다.

그러니 지하경제 규모를 추산하는 일은 경제학자들 사이에서도 어려운 과제의 하나였다. 우선 노출되지 않고, 또 비합법적이라는 사실 때문에 접근이 어려운 문제점이 있다. 그러나 상품이 흐르는 다른 반대쪽에도 반드시 돈의 흐름이 있다는 사실에 착안하여, 돈이 얼마나 그 나라에 공급되어 있고, 또 그 돈이 얼마나 빠른 속도로 순환하느냐를 추정하여 간접적으로 지하경제 규모를 추산하고 있다.

이러한 방법으로 추산된 지하경제 규모가 한때 우리나라 경제에서 15%를 차지하고 있다는 연구 결과도 있었다. 우리나라에서 유행하였던 '계'도 넓은 의미에서 지하경제의 한 유형이라고 할 수 있다. 또 여러 형태의 성매매도 우리나라 지하경제에서 큰 몫을 차지하고 있다. 최근에는 마약 거래가 점점 더 커지면서 앞으로 우리나라의 지하경제에서 이 부문이 중요하게 부각하리라는 예측도 있다.

지하경제가 '불법'이라는 요인과 밀접한 관계를 갖게 되면, 그 불법성은 바로 공공부문의 부패와 직결되어 있다. 중국인들은 부패의 첨병이자 대명사라 할 수 있는 뇌물을 '향유'香油라고 부르며 미덕인 것처럼 생각하고 있다. 뇌물 없이 원칙대로 딱딱하게 돌아가는 경제보다는 향기 나는 기름처럼 손에 발라주면 부드럽게 모든 것이 작동할 수 있다고 보았다.

부패 역시 여러 가지 형태로 나타나고 있다. 어떤 형태든 부패는 국민경제에 부정적인 영향을 미치고 있는 것이 사실이다. 경제적인 입장에서만 보더라도 부패는 종국적으로 자원 배분을 비효율적으로 만든다. 시장의 작동방식에 의해 균형에 따라 자원이 효율적으로 배분되기보다는 부패에 연루된 자들의 개인 이익에 의하여 자원이 배분되기 때문이다.

이탈리아의 '마피아 경제'

이탈리아의 아름다운 섬 시칠리아로 들어가는 관문 도시 팔레르모Palermo는 역사가 깊고, 풍광이 아름다운 문화 도시다. 팔레르모 출신의 소설가 카밀레리Andrea Camilleri(1925~2019)는 시칠리아의 범죄를 소재로 소설을 여러 편 쓴 것으로 유명하다. 그의 소설은 영국의 BBC 방송에서 연속 드라마로 제작될 정도로 널리 알려졌다.

팔레르모 공항의 공식 명칭은 '팔코네-보르셀리노Falcone-Borsellino 국제공항'이다. 팔코네Giovanni Falcone(1939~92)와 보르셀리니Paolo Borsellini(1940~92) 두 사람은 이탈리아의 조직범죄 집단인 마피아를 소탕하기 위해 노력하다가 마피아에 의해 폭사 당한 검사로, 이들을 추모하기 위해 공항 이름을 그렇게 붙인 것이다.

이들의 끈질긴 노력으로 이탈리아의 조직범죄는 어느 정도 척결되었다. 이들 조직범죄 집단과 정부의 유착이 얼마나 긴밀한지는 1994년 벨루스코니Silvio Belusconi(1936~2023)의 총리직 사퇴에서 여실히 보여주었다. 정의로운 검사들이 온 힘을 다해 범죄자들을 기소해서 형을 받게 하면, 부패한 상급심 판사들은 이들을 무죄로 석방하거나, 유죄 판결을 받아 감옥에 가더라도 질병을 이유로 종합 병원의 특실이나 자기 소유의 고급주택에서 지낼 수 있도록 조치하였다.

그러니 이탈리아, 특히 시칠리아에서는 범죄가 말끔히 소탕될 수가 없었다. 팔코네 검사와 보르셀리니 검사가 마피아에 의해 폭탄 살해된 뒤에야 이탈리아 국민이 이에 항의하여 대거 거리로 나오자, 잠시 조직범죄집단에 철퇴를 내리기는 하였으나, 아직도 그 문제는 완전히 해결되지 않고 있다.

이탈리아 본토에서 시칠리아로 가기 위해서는 비행기나 배를 이용할 수밖에 없다. 이탈리아 본토의 산지오르지오San Giorgio와 시칠리아의 메시나Mecina를 연결하는 여객선은 20분 정도면 해협을 건널 수 있을 정도로 거리가 짧다. 그러나 여행자와 자동차가 배에 오르거나 선적하는 데는 많은 시간이 걸리고, 불편한 것도 한두 가지 아니었다. 두 도시를 연결하는 다리를 놓으면 아주 편하게 모든 문제가 해결될 수 있을 것 같아 내가 현지 이탈리아 사람에게 물어보았다.

"왜 다리를 놓지 않나요?"

대답은 아주 간단하였다.

"그 해협을 연결하는 여객선들을 누가 소유하고 있는지 아시는가요? 바로 마피아이기 때문에 자기들의 이권에 반하는 모든 조치를 방해하고 있지요."

마피아에게 돈을 벌어주려고 정부 당국은 눈을 감고 있고, 이 부패 때문에 많은 사람이 불편을 겪는 것이다. 내가 몇 해 전, 나폴리를 여행할 때 겪은 일이다. 그 아름답고, 문화가 깊은 도시가 완전히 쓰레기 더미로 바뀌어 있었다. 사연은 이러하였다. 나폴리시 정부가 자격도 없는 마피아 조직에 나폴리시의 청소 용역을 맡겼는데, 마피아들이 계약금만 떼어먹고 나자빠져 버린 것이다. 쓰레기를 수거 처리할 회사가 없어진 것이다. 이를 보고 참다못한 독일 정부가 거저 쓰레기를 치워주었다고 한다.

세계에서 오줌 한번 누는 데 가장 비싼 곳은 베네치아다. 화장실에 한 번 들리는 데 2유로 50센트이니, 우리 돈으로 3천 원 이상이 든다. 이 화장실들도 마피아가 소유하고 있다고 한다. 유럽의 유명 도시인

암스테르담이나 빈도 한때 전 도심이 지린내로 코를 막은 적이 있다. 화장실이 몇 군데 안 되는 데다가 그 사용료가 비싸 저녁이면 관광객들이 방뇨하기 때문이다. 그래서 암스테르담은 입식 간이 화장실을 도심 곳곳에 설치하여 무료로 사용할 수 있도록 했다. 지린내를 퇴치하는 비용보다 간이 화장실 설치 비용이 싸면서도 도시 미관에도 좋았다.

공무원의 부패는 국민의 부패로 이어진다

동남아시아 역사유적의 걸작 하나가 바로 캄보디아에 있는 앙코르와트이다. 앙코르와트는 무오 Henri Mouhot(1826~61)라는 프랑스 탐험가가 발견했다는데, 이 유적은 아름다우면서 그 규모가 어마어마하여, 9~13세기에 현대식 장비도 없이 그렇게 웅장하고 아름다운 석조 조각을 갖춘 걸작을 축조할 수 있었을까, 경이로움을 갖게 한다. 이 유적은 캄보디아 국기에도 그려져 있을 만큼 국민과 나라의 자부심이 대단했다. 그리고 연간 찾아오는 수많은 관람객 때문에 경제적으로도 캄보디아에 많은 도움을 주고 있다.

그러나 천문학적 관람객 수와 수많은 관광 차량이 내뿜는 매연으로 이 귀중한 문화유산은 눈에 보이지 않게 조금씩 훼손되고 있다. 일본 정부가 제2차 세계대전 시기 자행했던 범죄를 반성하겠다는 뜻이었는지, 연간 2천만 달러를 세계은행에 맡겨놓고 이곳을 왕래하는 모든 차량을 전기차로 대체할 것을 제의하였다. 그러나 일본이 제공하는 돈을 마음대로 쓸 수 없게 되자 캄보디아 정부는 200만 달러의 현금을 바로 주겠다는 베트남에 이 유적 관리를 맡기고 말았다. 그 아름답고 거대한 유적을 건설한 그들의 조상들이 하늘나라에서 통탄할 일이었다.

몇 해 전까지만 해도 싱가포르의 골동품 전문 오르키도 거리에는 가끔 앙코르와트에서 뜯어내온 석조물들이 거래되기도 했다. 앙코르와트를 방문했을 때 나를 안내하던 현지 청년이, "어차피 영어로 설명하므로 현지 캄보디아 경찰은 알아듣지 못할 테니, 외국인인 나에게 폭로한다"면서 이런 이야기를 건넸다.

앙코르와트의 석조부조물 도난은 프랑스 문화부 장관을 지낸 말로 Andre Malrau(1901~76) 시절부터 잘 알려져 있다. 당시 군부의 유력자들이 야간에 조각품을 불법으로 떼어 밀매하는 행위가 빈번했다고 한다. 캄보디아 육군 대령 한 명이 야밤에 유적지에서 부조물을 떼어 몰래 팔려는 것을 관리인이 당국에 고발하였으나, 관리인은 쫓겨나고 그 대령은 준장으로 진급하더라는 것이다. 이쯤 되면 부패와 지하경제가 얼마나 팽배해 있는지 짐작이 간다.

지하경제와 부패는 가난 때문에 발생하지만, 대규모 지하경제와 부패는 정부와 불가분의 관계가 있다. 아시아에서 일본 다음으로 노벨상을 많이 받은 나라가 인도다. 인도 소대륙은 타고르 Rabindranath Tagore(1861~1941), 센 Armatya Kumar Sen(1933~), 유누스 Mohamnad Yunus(1940~) 등 세 명의 노벨상 수상자를 배출하였다. 이 셋의 국적은 인도와 방글라데시이지만, 공히 벵골말을 사용하는 벵골 사람이다.

인도 소대륙에서 벵골 사람이 머리가 영특하다는 것은 널리 알려져 있다. 그러나 벵골 사람이 주로 사는 방글라데시와 콜카타(캘커타)시가 있는 벵골주는 세계에서 가장 가난한 지역에 속한다. 콜카타를 세계에서 가장 큰 쓰레기통이라고 부르는 이유도 여기에 있다.

방글라데시가 국제연합이 선정한 '최빈개발도상국'Least Developing Country, LLDC이 된 것은 인구, 자원 등의 요소도 있으나, 가장 중요한 요인은 정부의 부패였다. 여러 해 전 방글라데시의 수도 다카를 방문했다. 방글라데시의 고급관료, 곧 차관보 급 이상의 공무원을 대상으로 대한민국 경제가 전후 어떻게 빠른 속도로 발전할 수 있었는가를 강의하기 위해서였다. 그곳에 도착하자마자 현지 방송이 나를 소개했고, 방글라데시 주재 한국대사가 나를 만찬에 초대하였다.

대사는, 방글라데시인들은 머리가 아주 좋아 학문, 의학, 예술 등 모든 분야에 걸쳐 뛰어나다는 것이다. 그러나 바로 이 좋은 머리를 나쁘게 쓴다는 게 그의 판단이었다. 특히 공무원으로 선발된 사람들은 나라와 국민을 위해 봉사하는 것보다 어떻게든 자신의 욕심을 채우고 부를 축적하는 것에만 노력한다는 것이다.

공무원이 공익보다 사리사욕 앞서면

다카대학교University of Dakar는 전통적으로 우수 인재가 수학하는 고등교육기관으로, 영국의 식민지 시대부터 잘 알려져 왔다. 한국 정부가 그 대학 학생 중에서 여러 명을 선발하여 우리나라 의과대학에 유학시켜, 유능한 의사로 길러낼 목적으로 방글라데시 교육부에 공식 요청하였다고 한다. 그러나 오랜 시간이 흘러도 회신이 없어 알아본 결과, 교육부·외무부 공무원들이 어이없게도 "우리에게는 일만 생기고 이익은 없는데, 왜 그 일을 하느냐?"고 답했다는 것이다. 결국은 우리 정부의 원조 계획도 무산되었다.

또 방글라데시 정부의 요청으로 우리나라에서 생산되는 SUV 자동차를 원조하기로 하고, 우선 40여 대를 보냈는데, 우리 대사관이 그 사용처를 파악하기도 전에 이미 그 차들이 다카 시내를 돌아다니고 있더라는 것이다. 대사관이 알아본 결과, SUV 차가 도착하자마자 고위직 공무원들이 정식 인수인계 절차도 없이 나누어서 타고 다녔다는 것이다.

강의가 없는 날을 하루 골라 다카 시내에 있는 박물관과 유적지를 돌아보았다. 불교 문화와 이슬람 문화가 공존하는 다카는 역사적 유물유적이 많았다. 나는 박물관의 유물들을 관람하면서 감탄에, 다시 감탄하고, 정말 그 유물들에 애착이 느껴진다고, 나를 안내하던 공무원에게 이야기했다. 그는 내가 자기 나라의 역사 유물에 관심을 보인다는 사실에 아주 기뻐하면서, 넌지시 나에게 제의를 하나 했다.

"약간의 비용만 감당하실 수 있다면, 박물관에 전시된 그 유물보다 더 좋은 것을 구해 드릴 수 있습니다. 그리고 귀국 항공편에 안전하게 실어드릴 수도 있습니다."

가난하지만 순박한 방글라데시 사람들. 예술적 감수성이 뛰어나 아름다운 미술품과 타고르 같은 세계적 시인을 배출한 나라에 부패로 인해 '최빈개발도상국가'라는 불명예가 들씌워진 것이다.

내가 국제기구의 수장으로 있을 때, 내 휘하에서 일하고 있었던 방글라데시 국적 사마드Sayed Abdus Samad는 머리가 좋고, 유머 감각도 뛰어난 경제학 전공의 미국 박사였다. 그는 늘 번쩍이는 해학과 농담으로 주변 사람들을 즐겁게 해 주었고, 가난한 방글라데시 출신 노동자들을 자기 집에 살게 하면서 여러모로 도와주고 있었다. 술을 즐기던 나는 늘 그에게 "술 마시는 회교도만이 유일하게 좋은 회교도"라고 농담을 던지곤 했다.

그러던 그가 임기를 끝내고 귀국하였다가 모종의 위기를 맞아 해외로 망명할 수밖에 없었다는 소식을 들었고, 나중에 한국외국어대학교의 초빙 교수로 자리를 잡아 한국에 오게 되었다고 한다. 그가 서울에 왔다는 소식을 듣고 저녁 식사 자리에 초대하였다.

그의 말에 의하면, 그는 귀국하자마자 방글라데시 정부의 고위직에 취임하게 되어 행복하게 공무원 생활을 하고 있었는데, 쿠데타로 정권이 군인들에게 넘어가고, 자신은 감옥에 갇힐 위기에 놓이게 되었다. 그래서 여권을 챙겨 방콕으로 탈출하였다가, 다시 남태평양의 섬나라 피지Fiji의 난디Nandi에 있는 남태평양대학교University of South Pacific에 취업했고, 이어 한국외국어대학교로 옮겼다는 것이다. 국제기구에서 전문가로 채용할 정도의 유능한 경제학자도 부패 정권 앞에서는 어쩔 수가 없었던 모양이다.

부패와 지하경제의 역사성

부패와 지하경제에는 항상 역사성이 있게 마련이다. 하루아침에 부패와 지하경제가 발생하지 않는다. 우리나라의 부패와 지하경제도 조선조까지 거슬러 올라가는 긴 역사를 갖고 있다. 자연자원과 관광자원, 그리고 인적자원이 많은 이탈리아도 예외는 아니다. 로마 시대 이후의 긴 문화유산과 천혜의 기후조건에 따른 자연유산, 그리고 미켈란젤로, 다빈치, 단테, 푸치니, 페르미 등 세계적 화가, 시인, 음악가, 수학자를 배출한 이탈리아이지만, 나라의 지배기구가 썩으면 경제적으로 발전하기 어렵고, 또 그러한 부패는 대를 이어가기 때문에 그 나라는 후진 상태로 정체할 수밖에 없다.

드라로베레Francisco de la Rovere는 1471년 식스투스Sixtus 4세로 교황 자리에 올랐다. 그는 정부情婦를 두어 아들과 딸을 여럿 낳았고, 이들은 당시의 습속에 따라 '교황의 조카'로 불리었다. 이들 중 몇몇은 나중에 추기경이 되었다. 그 가운데 줄리아노Giuliano de la Rovere는 줄리어스Julius 2세 교황이 되었다. 아들 중 식스투스 4세가 가장 사랑하였던 리아리오Pietro Riario는 트레비소 주교Bishop of Treviso, 세빌 대주교Archbishop of Seville, 콘스탄티노플, 발렌시아, 피렌체 대주교를 지냈다. 그도 아버지를 따라 정부를 여럿 두었고, 총애하는 정부에게는 금으로 만든 요강도 선물했다. 식스투스 4세는 리아리오 대주교가 호색으로 일찍 죽게 되자 큰 성당을 지어 그의 이름을 붙여주었다.

식스투스 4세는 로마에 공창 허가를 내주고 여기에 과세하여 큰 돈을 벌었으며, 사제들이 거느리고 있는 정부情婦들에게도 '정부 보유세'를 매겨 돈을 챙겼다. 또 남편이 없는 여성에게는 다른 남자를 만날 수 있는 '면허제도'를 운영하여 돈을 걷었고, 죽은 자의 후손에게 '면죄부'를 팔기도 했다.

당시 로마의 가장 큰 수출품의 하나는 '성자들의 유골'이었다. 지하 무덤에서 도굴한 오래된 송장의 손가락, 발가락들은 성자들의 유골로 둔갑하여 로마를 방문하는 성지순례자들에게 비싸게 팔리기도 했다. 그러나 그러한 유골은 공급이 제한되어 있었으므로 무한정 발급할 수 있었던 종이쪽지 면죄부에 비하면 수입이 적었다. 그는 이러한 행위를 자행하며 자기의 생각에 반하는 사람은 이단으로 몰아 화형에 처했다.

나는 시칠리아 여행을 마치고 귀국하는 길에 이탈리아 국제공항에서 외국인 면세 환불을 두 번 신청했다. 첫 번은 부라노Burano라는 아름다운 도시에서 산 벽걸이 세금의 환불이었다. 내가 좋아하는 전미선全美仙(1962~) 화백의 그림과 색조가 비슷한 벽걸이가 있어 큰 돈을 주고 샀는데, 200유로 정도의 세금을 환불받을 것으로 기대했다. 그러나 세금은 전혀 환불되지 않았다.

팔레르모 국제공항에서 두 번째 환불을 신청하고, 그 돈을 지난번의 경험이 있어 현찰로 받기로 했다. 유로로 물건값을 지불하였으니 당연히 유로로 환불받을 것이라 기대했다. 그러나 그곳의 세금환급소 직원, 곧 사실상의 환전상은, 외국인에게는 유로가 아니라 달러로 지급한다는 것이다. 곧 유로를 싸게 팔고 달러를 비싸게 사는 식으로 계산하였으니, 내가 받은 미국 달러는 유로의 액수에 미치지 못하였다. 거기에서 언쟁해 봤자 나는 비행기 시간에 쫓기고 있었고, 그들은 온갖 핑계로 시간을 끌 터이니 내가 물러설 수밖에 없었다. 그 환전상은 분명 마피아 소유였을 것이다.

내가 만난 아름다운 이탈리아 숙녀에게 "이탈리아는 아름답고, 문화가 있고, 좋은 음식이 있어서 내가 자주 방문하는 나라인데, 당신은 그런 곳에 사니 얼마나 행복한가?" 물었다. 그녀는 짧게 "늘 그렇지만은 않다"고 대답했다.

시장의 실패

'자유방임주의'는 자본주의 발전의 원동력

　시장은 민심, 곧 천심을 반영하는 곳이다. 물건값이 싸면 사는 사람보다 파는 사람이 적어서 물건이 모자라게 되고, 값은 올라가게 마련이다. 반대로 물건값이 비싸면 파는 사람이 사는 사람보다 더 많아져서 물건이 남게 되고, 값도 떨어지게 마련이다. 이렇게 이루어지는 거래에서 균형이 생기고, 이렇게 이루어진 균형 상태에서 사고파는 사람들이 모두 만족하게 된다.

　시장은 돈이라는 투표권을 가지고 물건에 투표하는 선거와 같다. 돈이라는 투표를 많이 받는 상품이 더 많이 생산되고 공급되며, 돈이라는 투표를 받지 못하는 상품은 시장에서 퇴출당하고 만다. 이렇게 시장에서 수요와 공급이 일치되는 상태를 '균형'이라는 용어로 표현한다. 이러한 균형은, 파는 사람, 사는 사람 모두에게 만족을 주는 상태에서 사람들의 경제적 후생을 적정화시킨다.

이 점은 논리적으로 증명되지는 않았지만, 이미 250여 년 전 스코틀랜드의 총각 경제학자 애덤 스미스Adam Smith(1723~90)의 '보이지 않는 손'으로 설명되고 있다. 곧 경제를 구성하고 있는 모든 사람이 자기의 이익을 추구하다 보면 시장은 '보이지 않는 손'에 의하여 균형으로 유도되고, 이 균형 상태에서 모든 사람의 경제적 후생이 극대화된 최적 상태에 도달한다는 것이다. 그러니 시장은 시장의 기제대로 놓아두는 것이 경제적으로 가장 바람직하다는 것이다. 그때나 지금이나 경제학자들은 이를 '자유방임주의'Laissez-Fairism라고 부르고, 이러한 생각은 자본주의를 발전시켜 나가는 원동력이 되었다.

공급자가 무한히 많고, 또 수요자도 무한히 많아 어떤 사람도 시장에서 형성되는 가격에 영향을 주지 못하는 상태가 보장되고, 여기에서 완전경쟁이 이루어지면 그렇게 이루어진 균형이 경제적으로 최고의 후생을 이룩한다는 것, 이것이 '보이지 않는 손'의 역할이다. 스미스는 이를 논리적으로나 수학적으로 증명하지 못했다. 그러나 스미스 이후 200여 년이 지나면서 이론경제학자와 수학자들이 달려들어 이를 수학적으로 증명하였고, 그 공로로 노벨경제학상을 받기에 이르렀다.

그 증명 과정은 경제학이라기보다는 수학이었다. 경제학자들은 '파레토 최적점'Pareto Optimum이라는 개념을 즐겨 쓰는데, 곧 이 상태를 벗어나면 아무도 경제적으로 좋아지는 사람이 없고, 최소한 한 사람이라도 경제적으로는 나빠진다고 말한다. 이 최적점의 개념을 찾아낸 사람이 이탈리아 경제학자 파레토Vilfred Pareto(1848~1923)다.

파레토는 파리에서 망명객으로 살고 있었던 이탈리아인 아버지 라파엘라 파레토와 프랑스인 어머니 사이에서 태어났다. 파레토는 초기 교육을 프랑스에서 받았으나, 아버지가 사면되면서 이탈리아로 돌아와 고등교육은 이탈리아에서 받게 되었다. 왈라스Lèon Walras(1834~1910)가 스위스의 로잔 대학에서 은퇴하자, 파레토는 그 뒤를 이어 로잔 대학의 경제학 교수로 평생을 보냈다.

'보이지 않는 손'과 '보이는 손'

경제학에서 많이 쓰이는 '효용'Utility이라는 용어는 그 개념을 정리하기가 까다롭다. '재화나 용역을 소비하면서 느끼는 만족감 또는 즐거움'이라고 일반적으로 정의될 수 있으나, 그 크기를 구체적인 단위로 계측할 수 없다는 어려움을 갖고 있다. 예시하면 "나는 감보다 사과를 더 좋아한다"라고 했을 때, 감이 주는 만족감 또는 즐거움이 사과보다 작다는 것은 분명하나, 사과가 감보다 몇 배 더 즐거움을 준다는 것은 말하기 어렵다.

그래서 경제학에서는 그 크기를 구체적으로 잴 수는 없으나, 크기의 순서는 분명히 존재하기 때문에 이를 기수基數, Cardinal number와 서수

序數, Ordinal number로 구분한다. 내 몸무게가 65kg이고 그의 몸무게는 68kg이라면, 나의 몸무게가 3kg 더 가볍다는 것을 의미한다. 그러나 나는 감보다 사과를 좋아하지만, 그는 사과보다 감을 더 좋아한다고 할 때 그 차이를 구체적인 숫자로 표현하기는 어렵다.

많은 경제학자와 수학자들이 즐거움이라는 변수를 기수적으로 표현할 때는 완전경쟁을 통하여 이루어진 균형에서 경제적 후생이 극대화될 수 있다는 것을 증명하였으나, 이러한 즐거움이나 만족도 같은 변수들이 서수적인 상태로밖에 표현할 수 없을 때는 균형점에서 이루어진 경제적 후생이 극대화되었는지를 증명하지 못하였다.

그런데 파레토가 그 기초 개념을 정리한 것이다. 자유주의 경제학자들이 시장이야말로 경제적으로 사회구성원을 가장 행복하게 해 주는 제도라고 믿어온 근거를 여기에서 찾았다. 그리고 이러한 기본적인 이념에 따라 시장을 통하여 자본주의가 크게 발전할 수 있었다.

그러나 '파레토 최적점'을 가능하게 해 주는 시장에서의 전제조건은 이론적 허구에 불과하고, 현실적으로는 그 조건이 갖추어질 수가 없다. 우선 어느 시장이고 '완전경쟁'은 없다. 공급자와 수요자가 무수히 많다고는 하지만, 완전경쟁 시장의 조건을 갖추려면 어느 한 수요자나 공급자도 시장가격 형성에 영향을 줄 수 없어야 한다.

우리나라의 쌀 시장은 공급자와 수요자가 많다는 점에서 완전경쟁 시장에 가까우나, 정부가 양곡 수급에 개입하기 때문에 완전경쟁 시장이 되지 못한다. 따라서 '파레토 최적점'은 정부의 시장개입이 있을 때는 이루어질 수 없다. 정부도 여러 가지 이유로 시장에 개입하고 있다. 나쁜 정부는 일거리를 만들어서 정권이나 공무원의 이익을 위해 시장에 개입한다. 물론 공공재처럼 정부의 개입이 현실적으로나 이론적으로 불가피한 경우가 없지 않다.

'공공재' Public goods라고 불리는 상품은 여러 가지 면에서 보통 상품과는 달리 특수성을 갖는다. 첫째, 우선 덩치가 크다. 덩치가 크다는 것은 생산하는 데 비용이 많이 들어간다는 것이다. 따라서 비용 때문에 개인 기업이 생산에 참여하기가 쉽지 않다. 또한, 생산을 완결한 후에도 생산에 투입된 비용을 회수하려면 시간이 오래 걸릴뿐더러 투자액을 모두 회수할 수 없을 때도 있다. 대부분의 사회간접자본 형성이 이에 해당한다. 고속도로, 철도, 운하, 항만 등의 건설에는 대규모 자본이 필요하나, 이 시설의 이용에서 얻어지는 사용료 징수액만으로 투입된 비용을 모두 회수할 수가 없다.

둘째, 보통의 상품은 그 상품을 소비하거나 이윤을 혼자 취할 때보다 둘이 나누어 취하면 각자가 느끼는 즐거움이 반감하게 된다. 그러나 공공재는 그렇지 않다. 고속도로를 혼자서 쓸 때나, 일정한 수준까지 많은 사람과 함께 쓸 때도 효용이 감소하지 않는다. 박물관, 공원, 경기장, 극장 같은 공공재는 적당한 인원이 함께 이용할 때 오히려 효용이 증가한다. 대학도 마찬가지다. 학생이 아주 많지 않을 때까지는 대학에서 공부하는, 연구하는 사람들이 많이 있을 때 대학이 진가를 발휘하는 것이다.

공공재의 대표적인 예는 국방·치안과 같은 '상품'으로 혼자나 소수가 감당하기는 어렵지만, 반드시 우리 경제생활에서 필수적인 영역이다. 또한, 혼자 이용하거나 여럿이 이용하거나 소비자 각각의 효용이 줄어들지 않는다. 따라서 이러한 상품들은 시장에만 생산을 맡길 수가 없고, 나라가 직접 공급에 참여하게 된다. 이러한 공공재의 범위를 넓히면 병원, 요양원, 우편, 통신 같은 여러 산업으로 확대될 수 있다.

이렇게 공공재의 수요와 공급은 시장에만 맡길 수 없게 되고, 따라서 시장은 그러한 구조에서 실패할 수 있으므로 정부가 개입할 수밖에 없는, 곧 '보이지 않는 손'이 효력을 갖지 못하고 '보이는 손'이 작동할 수밖에 없다.

개같이 벌어서 정승같이 써라

산업혁명이 성공적으로 끝나자 몇몇 나라는 산업화를 이룩했을 뿐만 아니라 엄청난 부자 계급을 출현시켰다. 이 부자들의 일부가 공공재 생산에 돈을 쏟아붓기 시작했다. 19세기 중엽까지 미국의 넓은 땅을 가로지를 수 있는 교통수단은 마차밖에 없었다. 남북전쟁 중 군대 이동으로 어느 정도의 교통망이 자리 잡게 되자, 미국 정부는 민간자본을 동원하여 철도 건설을 시도하였다. 동부에서 서부까지 대륙을 횡단하여 철도를 연결하려는 사업이 바로 이 계획이었다.

여기에는 어마어마한 자본과 인력이 필요하였다. 미국 정부는 철도를 건설하는 기업에 1마일당 2달러의 보조금을 지급하고, 선로 양쪽 가운데 어느 한쪽의 10마일까지 철도회사가 사유화할 수 있는 특권을 주었다. 물론 그 대부분이 아메리카 원주민들이 살고 있었던 땅이었지만, 미국 정부는 이를 인정하지 않고 무주공산無主空山의 땅으로 치부했다.

필요한 노동력은 사람이 넘치는 중국에서 들여왔다. 청나라 말 부패와 빈곤으로 지칠 대로 지친 중국의 하층민들은 상대적으로 높은 임금에 유인되어 대륙횡단철도Trans-continental railraod 건설에 투입되었다. 그러나 착취에 가까운 낮은 임금, 열악한 노동 조건, 살인적인 지역 환경 등으로 정식으로 중국인 노동력의 공급이 어려워지자, 중국인 노동자 곧 쿠리Coolie, 苦力들을 납치하여 데려가기 시작하였다.

이때 생긴 말이 'Shanghai'(상하이)라는 속어 동사였다. 상해의 홍등가, 매음굴, 아편굴에서 술과 약물로 젊은이들을 마취시켜 납치하였고, 이들이 정신이 들었을 때는 이미 태평양 한가운데의 배 위라 어찌할 수가 없었다. 이렇게 납치된 노동자들은 강제노역에 투입되기에 이르러, 'Shanghai'는 "약이나 술에 마취되어 납치하다"라는 미국의 새로운 영어 낱말이 되었다.

철도 건설에서 큰돈을 번 자본가들은, 죽을 때 그 돈을 가져갈 수도 없고, 고율의 상속세도 부과돼 또 다른 공공재 곧 대학을 세우는 데 그 돈을 쓸 수밖에 없었다. '서부의 하버드'라고 불리는 스탠포드 대학교Stanford University가 그중 하나다.

세월의 흐름에 따라 미국의 사설 철도는 공공재의 성격 때문에 시장에만 맡겨질 수가 없어 공공재 본연으로 돌아가 정부의 보조금에 의존하다가 지금은 '미국국립철도여객공사'AMTRAK로 통합되었다.

공공재라고 정확히 정의할 수는 없으나, 공공재의 성격을 가지고 있는 분야가 문화 예술 활동이다. 훌륭한 연주가가 되기 위해서는 장기간의 훈련과 막대한 투자가 요구된다. 그러나 막상 연주가가 되더라도 시장에서 그 연주가 팔리지 않으면 생활하기가 어렵다. 그림도 마찬가지다. 많은 시간과 비용을 들여 완성한 작품도 쉽게 시장에서 팔리지 않는다. 파바로티Luciano Pavaroti(1935~2007) 같은 소수의 음악인이나 모네Claude Monet(1840~1926), 피카소Pablo Picasso(1881~1973) 같은 몇몇 화가는 그들의 노래와 그림으로 생활할 수 있었으나 대부분 연주자나 화가는 거의 빈곤 속에서 살았다.

반 고흐Vincent van Gogh(1853~90)는 평생 아주 싸게 그림 한 점을 판 것이 모두였고, 동생 테오Theo van Gogh가 근근이 화상을 하여 먹여 살렸다. 그러나 그가 죽은 뒤 그림값은 천정부지로 올라 그의 그림은 보통사람은 범접할 수도 없는 귀한 상품이 되었다. 그가 죽은 뒤 홀란드Holland 정부에 기증된 그의 작품은, 오늘날 암스테르담의 고흐 미술관에서 엄청난 관람료를 벌어들이고 있다. 그림이나 연주는 시장에만 맡겨 수급의 균형을 이룩할 수가 없다. 정부의 개입이 필요하다. 문화 예술의 모범 국가인 프랑스가 대폭 미술가와 음악가의 생계를 지원하는 사업을 시행하고 있는 이유도 여기에 있다.

미국은 세제를 활용해 부유한 기업인이 미술품을 수집하게 하고, 사후에 공공기관 또는 국가에 기증하도록 장려하고 있다. 안넨버그 Walter Annenberg(1908~2002)는 미국에서 가장 오래된 신문인 〈필라델피아 인콰이어러〉를 소유한 부자로, 미술품 수집으로도 유명하다. 그는 유대인답게 이윤과 돈에 밝았다. 가방끈이 짧아 상류 사회에 친숙하지 않았던 그는 대통령 선거에서 케네디에게 후원금을 많이 낸 덕분에 주영 미국대사 자리를 얻게 되었는데, 대사 재임 중 그는 여러 가지 실수를 해 웃음거리를 많이 남겼다. 자기네 사주의 실수 및 웃음거리를 적나라하게 기자들이 보도하자, 안넨버그는 기자들을 불러 "자네들 때문에 내 신문이 더 많이 팔려 내 수입이 더 늘었다"고 칭찬했다. 그런 그도 죽기 전 자기가 수집한 미술품을 모두 사회에 내놓았고, 재산 일부를 떼어 펜실베이니아 대학교에 '커뮤니케이션대학원'Annenberg School for Communication을 만들었다.

이런 면에서는 게티J. Paul Getti(1892~1976)도 빼놓을 수가 없다. 그는 많은 미술품을 수집했던 대부호였으나 인색하기로도 유명하였다. 집을 방문하는 손님들이 자기 집 전화를 쓰는 것을 막기 위해 집에 공중전화를 설치할 정도였다. 그의 손자를 마피아 조직이 납치해 몸값을 요구하자 이를 거부하고 버텼다. 마피아는 그의 손자의 귀를 잘라 보냈다. 참다못한 아들이 찾아와 몸값을 내 달라고 읍소하자, 그 몸값을 꾸어주었다는 일화가 있다. 그도 죽음을 앞두고 자신의 수집품을 사회에 내놓아 로스앤젤레스에 '게티 박물관'을 설립했다. 그러나 그 박물관은 입장료는 무료이나 주차비는 꼭 받는다.

시장에 맡길 수 없는 문화 예술 투자

세계적으로 유명한 박물관과 미술관은 모두 시장에 맡겨서는 설립될 수도 없었고, 또 운영도 제대로 될 수가 없었다. 곧 시장의 실패를 의미한다. 돈을 많이 벌어들인 기업인들이나, 세금을 예술 작품으로 받은 정부가 개입하여 설립되고 운영될 수밖에 없다. 이러한 문화재는 결국 복지나 후생을 높여 시민들의 생활을 정서적으로 넉넉하게 만들어 주는 수단이 되어, 문화를 사랑하는 선진국이면 꼭 필요한 사회적 재산으로 굳어졌다.

1930년대 전 세계가 공황을 겪었을 때 일차적으로 직격탄을 맞은 계층은 문화예술인들이었다. 먹고 살기도 힘든데 음악회에 가거나 그림을 사는 사람들은 없었다. 경기가 나빠지면 가장 먼저 타격을 받는 부류가 문화예술계이며, 또 경기가 회복되어도 가장 늦게 회복되는 분야가 문화예술계이다. 문화 예술이 의식주 생활만큼 불요불급한 것은 아니지만, 없어서는 안 될 필수품의 하나이기도 하다.

미국 정부는 정부 지출을 늘려 경기를 진작시키는 '뉴딜'New Deal 정책을 채택하면서, 전국적으로 공공기관 건물에 역사적인 미술 작품을 걸게 하는 정책을 채택하였다. 바로 '작품 발전 계획'Work Progress Administration이었다. 백여 년 가까이 지난 오늘날에도 그때의 작품들이 미국의 자랑스러운 유산으로 남아 있다. 이는 후버Hoover 댐을 쌓고, 고속도로를 건설하는 것만큼 중요한 정책이었던 것이다.

영국에서 시작된 역사유적을 보존하려 하는 정책도 역시 '시장의 실패'로부터 그 기원을 찾을 수 있다. 역사적 유적으로서 고성이나 고택, 궁궐 등은 누진적으로 늘어나는 상속세 때문에 후손들이 사적으로 소유하기도 어렵고, 또 그 관리에도 비용이 많이 들어 개인에게 맡겨지거나 시장 논리로 유지하기가 어렵다. 따라서 정부가 개입하거나, 공공기관이 위탁받을 수밖에 없게 된다. 이것이 바로 '국민신탁'National Trust 제도이다. 공공기관을 통하여 모금된 자금으로 개인 소유 문화유산을 사들여 관리·운영하는 제도이다. 우리나라에서도 이와 유사한 제도가 도입되어 운영되고 있다.

그러나 공공재의 관리가 늘 이상적으로 이루어지고 있는 것은 아니다. 어떤 경우 사리사욕으로 공공성을 잃어버리고 소수의 재력가에 사유화되기도 한다. 일단 비싼 비용과 공동의 노력으로 공공재를 생산하지만, 이후 그 운용을 사유에 맡기기도 한다. 그 예로, 많은 교회와 사찰이 공공재로 지어지나, 그곳에서 수익이 발생하면서 교회와 사찰은 사유화된다. 그리고 기만과 사기를 통하여 막대한 부정 수입을 창출하게 되면서 마침내는 상속되기까지에 이른다.

교육기관도 예외는 아니다. 개교 당시는 그럴듯한 이름으로 시작했지만, 수익이 발생하면 부정한 방법으로 재산을 형성하는 수단이 되고, 결국에는 후손에게 상속되어 대를 거쳐 부당한 수익을 벌어들일 수 있게 된다. 이러한 과정에는 부패한 정부가 개입하는 게 통상적이다. 썩은 공무원이 퇴직 후 이런 기관에 자리를 얻게 되고, 재직 때의 선후배 관계나 상하 관계를 이용하여 부당 수익을 창출, 사적인 소유자들과 그 수익을 나누는 악순환을 드러낸다. 우리나라의 많은 교육기관과 교회가 대를 이어 상속되는 것은 공공연한 비밀이다. 이러한 상황에서 어찌 기업의 세금을 탓할 수 있겠는가?

조지아 공화국과 아라라트산

공공재나 문화재 같은 것은 시장에서 제대로 거래되지도 않고, 또 비용이 많이 들기 때문에 시장의 힘에 의존해서만 생산될 수가 없다. 이와 유사한 사례는 공해 문제에서도 발견된다. 중국에서 불어닥치는 황사와 미세먼지는 그 피해가 어마어마하지만, 한 사람, 한 조직의 능력으로 해결할 수가 없다. 교통사고가 발생하면 대부분 가해자와 피해자가 분명하게 가려지므로 가해자의 보험회사가 피해를 보상해 줄 수 있으니, 시장의 힘으로 해결되는 것이다.

그러나 중국에서 날아오는 황사, 또는 공장에서 배출하는 유해물질은 누가 원인을 제공하였는지 분명하게 식별하기가 어려워 그 비용을 시장기구를 통해 원인 제공자에게 물릴 수가 없어 정부가 개입하는 수밖에 없다. 대부분 원인을 제공하는 나라는 딱 잡아떼기 마련이다. 공장 옆 과수원의 사례도 마찬가지다. 공장에서 배출하는 유해

물질 때문에 과일이 결실하지 못하게 되어 막대한 피해를 보지만, 과수원의 생산 감소가 공장에서 배출되는 유해물질 때문이라는 것을 명확히 증명할 수가 없다. 그러니 배상도 요구할 수가 없어 '시장의 실패'가 발생하게 된다.

반대로 꿀벌을 키워 꿀을 생산하는 양봉업자는 과수원이 근처에 있으면 크게 덕을 본다. 벌들이 쉽게 과수원에서 꿀을 따올 수 있고, 또 과수원은 벌들 덕분에 쉽게 과일의 결실을 맺을 수가 있다. 그렇다고 과수원 주인이 양봉업자에게 그 수익을 나누어 갖자고는 할 수 없다. 또 양봉업자들도 과수원 주인에게 결실이 잘 된 만큼 그 이익을 나누자고 할 수 없다. 여기에서 '시장의 실패'가 또 발생하게 된다. 나라는 과수업자와 양봉업자가 서로 협력할 수 있도록 제도적 배려를 하는 수준에서 시장에 개입해야 한다.

코카서스 3국 가운데 조지아Giorgia는 국장國章에 아라라트Ararat산의 모습을 집어넣고 있다. 아라라트산은 성경에 나오는 '노아의 홍수' 때 방주가 올라가 앉았다는 중앙아시아의 성산이다. 그러나 아라라트산은 튀르키예 땅에 있다. 옛날 조지아가 큰 나라였을 때 그 산이 조지아 영토 안에 있었고, 또 조지아가 로마보다도 먼저 기독교를 받아들인 나라여서 이 산에 향수가 있을 뿐 아니라, 은근히 옛날에는 '이 산이 조지아의 산이었다'는 것을 자랑하고 싶었을 것이다.

그러므로 튀르키예가 이러한 사실을 좋게 받아들일 리가 없다. 더욱이 조지아는 기독교 국가로 기독교 성인이 가장 많이 나온 나라

가운데 하나이고, 튀르키예는 회교 나라여서 자연히 분쟁이 생길 수밖에 없다. 그래서 튀르키예는 조지아에게 그들의 국장에서 아라라트산 모습을 빼라고 주장한 바 있었으나 조지아도 가만히 있지 않았다. 튀르키예 국기에는 다른 회교 나라들처럼 초승달 그림이 들어가 있다. 조지아의 주장은, "초승달은 튀르키예 땅에 없는데 왜 국기에다 집어넣었느냐? 당신들이 국기에서 초승달을 빼면 우리도 국장에서 아라라트산 모습을 빼겠다"고 주장하였단다.

아라라트산은 튀르키예 땅에 있지만, 조지아에서 저 멀리 더 아름답게 잘 보인다. 초승달도 주인이 정해져 있지 않지만, 사람들에게 좋은 감정을 만들어 주고 있다.

이러한 현상을 경제학에서는 시장이 해결해 주지 못하는 '외부 경제성 또는 외부 비경제성'External economix, External diseconomics이라고 부르며, 이러한 현상이 존재하는 경우 시장이 후생을 극대화하는데 실패한다고 보고 있다. 곧 스미스의 '보이지 않는 손'이 작동하지 못하게 되는 것이다.

왜 사촌이 땅을 사면 내 배가 아픈가?

이러한 현상은 생산에만 있는 것이 아니라 소비에서도 마찬가지로 나타나고 있다. 전통경제학에서는 소비자가 느끼는 만족감이나 즐거움, 곧 효용은 그가 소비하는 상품의 크기로 결정된다고 보았다. 곧

나 혼자 돈이나 부를 많이 갖고 있거나 상품을 많이 소비하면, 나의 효용이 커진다는 것이다. 그러나 그렇지 않은 사례도 허다하다. 돈이 많은 사람이 자신의 재산을 사회에 내놓거나, 또는 남에게 줌으로써 행복을 느끼는 경우도 많다. 여기에도 전통적인 소비 이론은 성립되지 않는다.

반대의 경우도 있다. 나의 소비나 부富에는 전혀 변동이 없지만 "사촌이 땅을 사면 내 배가 아프다"는 사례다. 남이 잘되는 것이 나의 소득과 소비에 전혀 영향을 주지 않지만, 나의 즐거움, 또는 효용에는 부정적으로 영향을 끼치고 있다는 것이다. 여기에 또 '시장의 실패'가 존재하고 있다.

이와 같이 '시장의 실패'가 있는 경우 '보이지 않는 손'이 제 기능을 하지 못하고, 정부의 개입을 요구하게 된다. 영국 사람들은 전통적으로 남의 것을 믿지 않고, 자기들 것만 좋다고 믿어왔다.

경제학에서도 예외가 아니다. 영어로 기술되지 않은 저술은 읽지도 않고, 또 학계에 소개하지도 않는다. 로잔 대학에서 평생 학생들을 가르친 왈라스는 1874년 그의 저서 『순수경제학요론』에서 그 유명한 '일반 균형 이론'을 발표하였으나, 그 책이 영어로 번역된 것은 1954년이었다.

폴란드의 경제학자 스키토브스키Tibor Scitovsky(1910~2002)도 외부 경제성이 있으면 '보이지 않는 손'은 작동하지 않는다는 이론을 전개했으나 영국 경제학자들은 대부분 이를 무시하였다. 그러나 전통적인 영국 중심의 경제학은 미국으로 옮겨지면서 많은 이민 경제학자들에 의하여 수정 보완되었다.

가난과 나눔

경제학은 가난을 연구하는 우울한 학문

"수염이 석자라도 먹어야 산다"는 격언은 먹고 사는 일이 얼마나 중요한지를 단적으로 표현해 주고 있다. 경제학이 소득과 재산 등 부富를 연구하는 학문이라고 정의한다면, 이는 곧 뒤집어 말하면 '경제학은 가난을 연구하는 학문'이라는 함의를 갖는다. 그래서 프랑스 혁명사를 쓴 칼라일Thomas Carlyle(1795~1881)은 경제학을 '우울한 학문'Dismal Science이라고 칭하기도 했다.

'가난하다는 것'을 학문적으로 정의하기는 꽤 어렵다. 누구나 가난이 무엇인지를 알 것 같지만, 가난처럼 상대적인 개념도 없다. 끼니를 잇지 못해 굶어 죽는 경우는 분명히 가난이라고 할 수 있다. 가난의 시대를 경험한 노년 세대들은 늘 옛날을 생각하면서 가난을 떠올린다. 꽁보리밥을 고봉으로 담아 소금에 절인 짠지 한 쪽으로 밥을 먹던 시절 우리는 가난하였다. 그러나 그 시절은 대부분이 그렇게 살았으니 나만 가난하다고 뼈저리게 느끼지 못하였다. 그렇게라도 먹고 사니 오히려 행복했다고 여기기도 했다.

〈홍부전〉에 "가난은 나라도 구제하지 못 한다"라는 구절이 나온다. 사람들이 못 사는 것은 어쩔 수 없다는 뜻이다. 다른 한편, 동양 고전에서는 "땅은 이름 없는 풀을 내게 하지 않고, 하늘은 녹이 없는 사람을 낳게 하지 않는다"土不長無名之草 天不生無祿之人라고 해서 세상에 태어난 사람은 무엇을 먹더라도 살아남는다고 했다. 물론 무엇을 먹고 살아남느냐가 중요하다. 우리 민족은 전쟁이나 기근 속에서도 살아남는 방법을 스스로 찾아냈다. 옛날부터 구황救荒이라고 하여 식량이 떨어졌을 때 무엇을 먹고, 또 잘못 먹어서 병이 났을 때 무슨 약초를 먹으라며 극심한 가난에서도 살아남는 법을 가르쳤다. 이른바 '풀뿌리와 나무껍질'[草根木皮]이라는 극단의 먹거리까지 생각하였다.

공식적으로 사람답게 먹고 살 수 없는 수준의 소득밖에 못 벌어들이는 가구를 '빈곤 가구'라 정의하고 있다. 여기서 '사람답게 먹고 사는' 수준이라는 말은 극히 주관적이다. 사람이 살아남을 수 있는 일정한 수준의 열량을 보장하고, 추위에서 보호하며 살아남을 주거와 의복을 사들일 수 있는 수준의 비용을 '생계비'生計費, Subsistence cost라고 부르는데, 이 수준에 미달하면 바로 '빈곤 가구'가 되는 것이다.

그런데 이러한 생계비를 누가 추산하느냐에 따라 빈곤 수준이 달라진다. 통상 정부가 산정하는 생계비는 대체로 낮게 추정하고 있다. 심지어 자기 나라와 같이 좋은 나라에는 빈곤 가구가 없다고도 주장한다. 세상에서 가장 가난한 나라 가운데 하나인 북한이 그런 나라에 속한다. 모든 나라는 빈곤 인구를 적게 보이기 위해 생계비 추정을 낮게 한다. 또 그래야만 생계비 보조에 지원되는 정부 재정지출이 적어진다. 반면 노동조합은 생계비를 가장 높게 추정한다. 생계비 수준이 높을수록 최저 임금 산정 기준이 높아지기 때문이다. 그래서 대개는 정부와 노동조합의 중간 수준에서 생계비를 추정하고 있다.

이렇게 각계에서 추정된 생계비를 기준으로, 그 나라 인구 가운데 그 생계비 수준에 미달하는 인구를 '빈곤 인구'라 칭한다. 이렇게 최종적으로 추정된 소득을 빈곤선, 또는 '빈곤의 문턱'Poverty Threshold이라고 부르며, 이러한 방법으로 정해진 빈곤 인구의 비율을 가능한 한 줄이려는 것이 모든 나라의 정책이다. 이러한 빈곤 정책, 빈곤 퇴치 정책이 효율적으로 집행되면 빈곤 인구는 감소하게 된다.

가난은 당사자는 물론 사회도 불편

옛날에는 '소득'이라는 개념이 없었기 때문에 빈곤선이나 빈곤 인구의 비율 추정이 불가능했다. 따라서 눈에 띄는 가난을 대상으로 하여 나라가 빈곤 퇴치에 앞장설 수밖에 없었다. 대개는 국가보다는 종교

기구, 곧 교회나 사찰이 빈곤을 완화시키는 조치를 행했다. 우리나라는 가난한 집안의 자식들을 탁발 나갔던 승려가 절로 데려와 키워 후계자를 만드는 관행 정도였다. 머리가 좋은 아이는 선승이나 학승으로 교육했고, 몸이 건강하고 일 잘하는 아이는 상좌를 시키다가 절의 살림살이 책임을 맡기기도 했다. 서구에서도 이러한 사례가 없지 않았다. 사제는 혼인하지 않아 후사가 없어, 가난한 집안의 아이들을 데려와 키우는 일을 많이 했다.

가난을 비하하는 생각을 없애기 위해 교회에서는 지위가 높을수록 걸인들을 불러 자신의 생일에 나이 수만큼 발을 씻겨주는 행사를 벌였다. 이를 '세족洗足의 목요일'Maundy Thursday이라고 불렀다. 그 의식을 매 목요일에 거행했기 때문이다.

심한 피부병을 앓고 있는 빈민들에게 여왕이 직접 그 피부병 부위를 닦아주기도 했다. 그래서 연주창連珠瘡 같은 악성 피부병을 '여왕의 병'Queen's Disease, Scorfula이라고도 불렀다. 이슬람에서는 율법으로 부자는 한 해에 최소 자기 재산의 2%를 빈민 구제에 쓰도록 '사카트'Sakat에 기부하게 했다. 빈곤은 가난한 사람에게는 물론, 함께 사는 사회를 위해서도 불편한 것이었다.

스위스에 가면 '퐁듀'Fondue라는 향토 음식을 제법 큰 돈을 주고 사 먹는데, 사실 이 음식은 별로 맛이 없다. 그릇을 뜨겁게 하여 치즈를 녹인 후 거기에 딱딱한 빵을 뜯어 넣어 먹는, 스위스 사람들의 겨울나기 저장 음식이다. 산이 높고 눈이 많이 내려 겨울이 되면 꼼짝

못 하고 집에 갇히게 마련인데, 냉장고가 없으니 신선한 식품을 저장할 수 없어 우유로 썩지 않는 치즈를 만들어 먹는데, 그 맛이 좋을 리 없다. 가난하던 시절 꽁보리밥을 사발에 고봉으로 담아 된장에 적당히 비벼서 먹던 것과 다를 바 없다. 요즘은 그 음식을 '건강식'이라고 하여, 식당에서 '보리밥 정식'으로 팔고 있다.

　소비 행태는 경제가 풍요해지면 그에 따라 바뀌게 마련이다. 곧 소득이 높아지면 먹고 사는 '식이구조'食餌構造, Diet Structure가 바뀐다. 심하게 가난할 때는 곡물과 된장, 간장, 채소 위주로 먹다가 소득이 높아지면 단백질 섭취가 증대된다. 달걀도 먹고, 두부도 먹고, 생선도 먹다가 돼지고기, 쇠고기로 넘어간다. 그리고는 우유, 치즈, 버터, 요구르트 등 낙농 제품을 먹게 된다. 이렇게 식이구조가 바뀌게 되면, 그렇게 질을 높여가며 먹을 수 없는 사람은 가난을 실감하게 된다.

　다른 소비도 마찬가지다. 짚신에서 고무신으로, 그리고 운동화에서 구두로 바뀌는 구조나, 치과의사에서 정신과 의사로 바뀌는 의료 서비스의 구조 변화도 마찬가지다. 옛날 가난한 시절에는 이를 뽑으러 치과에 가는 사람이 드물었다. 이가 흔들리면 실로 묶어 잡아당겨서 뺐다. 그러나 지금은 이가 흔들리면 예외 없이 치과에 간다. 옛날에는 부부 싸움을 자주 한다고 정신과 의사를 찾는 사람이 거의 없었다. 그러나 지금은 상담하기 위해서도 정신과 의사를 찾는다.

　소득이 낮은 상태에서 수요가 없었던 서비스가, 소득이 높아지면서 수요가 늘어난다. 60여 년 전만 해도 우리나라에는 치과대학이

한 군데밖에 없었다. 그것도 모두 4년제였는데, 지금은 웬만한 종합대학교에는 6년제 치과대학이 설치되어 있다. 그러나 하나밖에 없는 그 치과대학을 졸업한 사람들도 취직하기가 어려웠다. 신영균, 길옥윤 같은 유명한 연예인이 모두 이때 치과대학을 졸업하여 치과의사가 되었다. 그들이 연예인의 길을 택한 데는 여러 이유가 있었겠지만, 모두 대중적 명성을 누렸다. 그들은 치과의사로서의 실력이 부족하거나 직장을 구하지 못해 연예인이 된 것이 아니다. 경제학자는 당시의 치과의사 문제를 그렇게 본다.

뱁새가 황새 따라가는 소비

낮은 소득 수준에서는 소비가 적다가 소득이 커짐과 더불어 수요가 늘어가는 것이 소비구조의 변화이다. 치과의사의 수요가 없을 때는 이를 뽑거나 새 이를 만들어 끼워 주는 일을 '야매(뒷거래)' 치과기술자들이 맡았다. 그들은 치과의사 면허도 없이 떠돌이 행상처럼 농촌 등을 다니며 이를 만들어 끼워 주었다. 영국 식민지 당시 인도 소대륙에서도 이를 뽑거나 새 이를 만들어 끼워 주는 일을 중국인 행상이 했다. 그러나 이제는 그러한 '치과 행상'은 존재하지 않고, 비용이 많이 드는 치과병원으로 바뀌었다.

빈곤은 여기에 맞추어 그 개념이 바뀌게 된다. 모두가 가난해서 집에서 이를 뽑거나, 떠돌이 행상이 이를 뽑을 시절에는 대부분 그러려니

하여 빈곤을 느끼지 못하였다. 그러나 나만 홀로 치과에 못 간다면 빈곤을 느끼게 될 것이다.

소비는 전염력이 강해 쉽게 따라 하게 된다. '상대소득의 가설'은 하버드대학교 교수 듀젠베리James Dusenberry(1918~2009)에 의해 창안된 이론으로, 모든 사람의 소비는 개개인의 소득뿐만 아니라 동류 집단의 다른 사람의 소득에 의해서도 달라진다는 것이다.

강원도 평창군에 사는 사람의 소비는 서울특별시 압구정동 주민의 소비와 같을 수 없다. 상대적으로 압구정동 사람이 더 많이 소비할 수밖에 없다는 것이다. 이른바 '전시효과'Demonstration effect 때문이다. 가난하여도 부자 틈에 섞여 살다 보면, 소비가 더 많아진다는 효과가 바로 이것이다. 부자들 틈에 끼어 살다 보면 가난하여도 더 쓰게 되는 것이 현실이다.

'빈곤 이론'도 여기에 맞추어 바뀔 수밖에 없다. 네덜란드의 한 대학에서 빈곤에 관하여 흥미로운 이론을 발표하였다. 가난한 사람들은 지금보다 조금만 소득이 높아지면 가난을 면할 것 같다고 생각하는 반면, 부자들은 지금보다 소득이 조금만 낮아도 가난하게 될 것이라고 느낀다는 가설에서 출발, '빈곤은 소득의 크기에 따라 다르게 느껴진다'는 이론이다. 곧 빈곤의 개념은 소득에 따라 탄력적이라는 가설이다.

그렇기 때문에 옛날식 고정관념인 생계비에 맞추어 가난을 정의하는 것은 불합리하다고 보았다. 생계비 자체가 소득의 크기에 따라 변하고,

또 생계비에 따라 가난의 정의와 수준이 다르게 결정되기 때문이다. 그래서 가난은 늘 상대적 개념이고, 이 개념에 기초하면 가난은 '상대적 박탈감'relative deprivation에 따라 달라진다. 곧 사회가 넉넉해질수록 빈곤 소득선도 상향으로 움직일 수밖에 없게 된다는 것이다.

대부분 나라는 빈곤 소득 수준을 생계비 수준에 맞추지 않고 상대적 박탈감에 맞추어 정의하고 있다. 소득을 가장 낮은 수준부터 가장 높은 수준에 이르기까지 순서대로 배열하고, 이러한 배열의 한 가운데 있는 소득을 '중위소득'Median Income이라고 부르는데, 소득분포의 성격상 중위소득이 평균소득보다 늘 낮게 결정된다. 이렇게 얻어진 중위소득의 반이 안 되는 소득 가구를 빈곤 가구로 정의하게 된다. 그리고 이렇게 얻어진 빈곤 소득 수준은 대체로 생계비에 맞춰 측정되는 빈곤 소득 수준과 크게 다르지 않다.

대부분의 선진국은 매년 '가계소득 소비지출 조사'를 실시하여, 거기서 얻어진 자료에 기초하여 중위소득과 빈곤 소득을 추정한다. 경제가 발전하고 소득 수준이 높아질수록 중위소득도 높아지고, 따라서 빈곤 소득도 높아지게 되기 때문에 자연스럽게 빈곤선은 소득 수준에 따라 탄력적으로 반영되고, 상대적 박탈감도 고려하게 된다. 그리고 모든 빈곤 정책은 이렇게 얻어진 빈곤 소득 수준에 기초하게 된다.

모두가 가난하면 평화로운 세상

경제성장은 개개인의 평균 소득 수준을 높여주고 있다. 그러나 성장에 따라 얼마나 소득 수준이 고르게 높아졌느냐 하는 것은 경제학에서 주요 문제의 하나다. 동양의 고전 『논어』에서 강조한 것처럼, "가난한 것을 걱정하지 말고, 고르지 못한 것을 걱정하라"不患貧而患不均는 가르침은 바로 이 점에 착안하고 있다. 곧 모두가 가난했을 때는 가난도 고르게 퍼져 있기 때문에 큰 걱정거리가 아니었다. 가난과 풍요가 섞여 있을 때, 사람들은 예민하게 그 차이를 느끼게 된다.

빈곤은 분배와 밀접한 관계를 맺고 있다. 서부영화에서 흔히 보듯이 은행을 털 때는 악당들이 합심하여 성공적으로 돈을 훔친다. 그러나 훔친 돈을 가지고 산골 깊은 곳에 숨어 나눌 때는 각자 더 가지려 총질하고, 싸움이 벌어진다. 모두가 합심해서 경제성장을 이룩할 때까지는 그렇게 큰 문제가 없었다. 그러나 그 성장의 결실을 나눌 때는 사회적으로 많은 문제가 나타나게 마련이다.

국제연합은 1995년, 세계 빈곤 인구를 2015년까지 반으로 줄이자는 계획을 포함한 '새천년 개발 목표'Millenium Development Goals를 세웠다. 나도 정년퇴직 이후 국제연합 사무국에서 이 계획의 자문역으로 일할 기회를 얻게 되어, 빈곤 퇴치 연구 사업에 참여하게 되었다. 국제연합이 규정한 '최빈개발국'Least Developed Countries, LDCs은 '저개발국'Less Developed countries과 구별되는 연구대상으로 정했다.

세계 빈곤 인구의 대부분은 LDCs에 있는데, LDCs의 반 이상이 아시아에 있다. 물론 아프리카에도 많은 '최빈개발국'이 있으나 대부분 인구 규모가 작아 아시아 나라들과는 비교가 안 된다. 그러나 연구 대상인 나라에 국민소득통계가 아예 없거나, 또 있어도 공개되지 않는 점은 문제였다. 북한 같은 나라는 '지상낙원'이기 때문에 빈곤 인구가 전무全無하다는 것이 그들의 공식 입장이다. 중국은 소득 통계가 있지만 보여주지를 않는다. 평양에 출장을 갈 기회는 없었지만, 베이징 출장은 언제나 여비만 버리는 쓸데없는 짓이었다. 그 넓은 나라에 지역별 소득 통계가 있는지 없는지 아예 알려주지 않기 때문이다.

경제가 성장하면서 빈곤 인구가 감소하면 이를 '친빈곤 성장'Pro-Poverty Growth이라고 부르고, 반대로 빈곤 인구가 늘면 '반빈곤 성장'Anti-Poverty Growth이라고 부른다. 성장을 통한 빈곤 타파가 가장 바람직한 정책이지만, 소득과 분배 통계가 부재하면 연구할 길이 없다. 성장을 하더라도 빈곤 인구가 줄지 않았다면 성장과 더불어 소득 분포가 나빠졌다는 것을 의미하니, 우선 소득분배 정책을 개선할 수밖에 없다.

소득분포는 계층별, 지역별, 직업별 등 다양하게 측정될 수 있는데, 그중 계층별 소득분포가 가장 중요하다. 계층별 소득분포를 추정하는 방식으로는, 그 나라에서 가장 못 사는 10% 인구 소득의 몇 배가 가장 잘 사는 10%의 인구 소득과 같게 되느냐 하는 것으로, 이를 소득 '10분위 계수'라고 부른다. 가장 잘 사는 10%의 인구 소득이 가장 못 사는 10%의 인구 소득과 같다면 10분위 계수는 1이 되어,

완전 균등 분배가 이루어졌음을 의미한다.

또 다른 방법은 수학적이어서 좀 더 복잡하다. 이탈리아 수학자 지니 Corrado Gini(1884~1965)가 창안한 '지니계수'가 있다. 소득이 완전하게 골고루 분배되었을 때는 0이 되고, 완전히 불균등하게 분배되어 모든 소득이 한 사람의 수중에 귀속되면 1이 된다. 따라서 지니계수가 1에 가까울수록 소득분배의 불균등도가 나쁘며, 0에 가까울수록 분배가 좋아졌다는 것을 의미한다.

소득분포 균등이 국가의 정책 목표

소득분포는 너무 균등하여도, 또 너무 불균등하여도 좋을 것이 없다. 너무 균등하면 사람들은 근로의식을 잃게 된다. 어려운 공부 끝에 많은 고생을 해가면서 환자를 치료하는 의사가, 길에서 청소하는 사람과 같은 소득을 번다면 특별한 이유가 없는 한 의사가 될 희망을 잃고 만다. 사회 보장이 잘 되어, 어렵고 힘든 일을 하는 사람이 실업수당을 받는 실업자와 소득이 같아진다면, 누가 위험을 무릅쓰고 책임 있는 일을 하려고 나서겠는가?

나쁜 남자에게 몸을 버려 아이를 낳을 수밖에 없는 가난한 처녀는 당연히 사회적으로 도움을 받아야 한다. 그러나 일하기가 싫어 빈둥거리며 방탕한 생활을 하다가 아이를 낳은 미혼모도 도움을 받아야 할까? 대다수 복지국가는 미혼모로 성이 다른 아이들만 낳아도 국가가 제공하는 복지 수당으로 최저 생활을 보장한다.

그러나 대중은 윤리의식도 없고, 근로 의욕도 없는 이러한 미혼모에게 보조금이 주어진다면 대부분이 일하지 않고 술과 마약에 빠져들기 쉽고, 그렇게 태어난 아이들도 교육을 제대로 받지 못하고 길거리를 떠도는 부랑자가 될 가능성이 높다고 생각한다. 따라서 국가가 완전하게 보장하는 사회복지제도는 사회적 병폐를 일으킬 수도 있다.

반대로 소득 문제가 악화되면, 그 사회의 안전장치 역할을 하는 중산층이 엷어지고, 부자와 빈자만 남게 되기 때문에 사회적 불안을 초래하고 급기야는 잃어버릴 것이 없는 저소득층이 폭동을 일으키게 되어 사회는 혁명이라는 불행 속으로 떨어지고 만다. 따라서 소득분배는 적당한 선에서 균형점을 찾는 것이 중요하다.

돈은 많을수록 좋다고 하지만, 돈에도 한계효용이 체감한다는 주장도 없지 않다. 수조 원을 가지고 있는 부자에게는 추가적인 백만 원이 주는 한계적 기쁨이 전혀 다를 것이다. 따라서 사회적 후생을 극대화하려면, 기쁨을 덜 느끼는 부자에게서 한계적으로 돈을 걷어 기쁨을 더 느끼는 가난한 사람에게 옮겨 주면 되는 것이다. 그러나 여기서도 위에서 언급한 건전한 근로의식과 체면을 유지하려는 사회 조건이 선행되어야 한다.

아메리카 대륙의 원주민들은 철저하게 공동체적 균등사회를 유지하고 살았지만, 근로의식은 없거나 체면을 지키지 않는 성인 사회구성원은 사람으로 대접하지 않는 전통과 관습이 있었다. 그것이 바로 당해 사회에서 원시 공산사회 성립을 가능하게 하는 사회적 윤리와 약속이 되었다.

그러나 언제나 유념해야 할 것은 성장 없이는 분배도 없다는 점이다. 많이 생산하고 난 후에야 나눌 게 있는 것은 당연하다. 생산하지 않으면 나눌 것도 없다. 생산된 것이 모두 한 사람에게만 돌아가도 사람들은 생산하지 않으려 할 것이며, 생산된 것이 노력과 상관없이 모두에게 똑같이 나누어진다고 해도 생산 의욕을 잃게 된다. 분배는 쉬운 문제가 아니며, 빈곤은 더더욱 퇴치하기 어려운 과제다.

계층별 소득분포는 없는 사람과 있는 사람 사이에 소득이 얼마나 고르게 분배되느냐를 보여 주는 한편, 지역별 소득분포는 잘사는 지역과 못사는 지역 사이에 소득이 얼마나 고르게 분배되었느냐를 보여 주는 지표다. 우리나라처럼 국토가 좁고, 지역별 문화와 역사가 동질적인 경우는 지역별 소득분포가 비교적 고르게 되어 있다. 특히 지역 간 주민 이동이 자유롭기 때문에 언제나 돈이 많이 벌리는 지역으로 사람들이 옮겨 가는 경향이 있어 더더욱 소득이 고르게 분배될 수밖에 없다.

다민족국가의 딜레마

그러나 중국이나 인도처럼 국토가 큰 나라에서는 우선 종족이 다르고 문화가 달라 같은 종족이나 같은 문화를 가지고 사는 사람들이

뭉쳐 거주하는 습성을 갖게 된다. 특히 종교가 기독교, 불교, 회교, 힌두교, 유대교 등 다양하게 나누어져 있는 경우에는 문화적 제약 때문에 소득이 고르게 분배될 수 없고, 또한 주민의 이동도 쉽게 이루어지지 않는다.

힌두교가 지배적인 인도는 우선 지역마다 언어가 달라 서로 소통이 잘 되지 못하고, 힌두교의 성격상 철저하게 사회적 계급이 형성되어 있다. 이에 따라 직업의 선택이 계층 간에 완전 봉쇄되어 있어 지역 간 소득분포도 극히 불균등하다. 인도의 법정화폐에는 여러 언어로 다양하게 액면 등이 기재되어 있다. 1960년대 필자가 처음 인도를 방문하였을 때, 인도 지폐에 많은 글자가 적혀 있는 것을 보고, 왜 이렇게 글자가 많이 있느냐고 물었더니, 인도에서 공식적으로 쓰이는 공용어 14개 모두가 적혀 있기 때문이라고 해서 새삼 놀랐다. 인도 소대륙이 영국으로부터 독립하면서 이슬람교를 믿는 파키스탄과 방글라데시는 따로 독립하였으나, 아직도 인도에는 이슬람교도가 많이 살고 있다.

이러한 사정은 중국도 다르지 않다. 한자를 공용하며, 이른바 '보통어'로 통일되었다고는 하나 중국에는 55개 민족이 산재하고 있어, 자기들만의 언어를 쓰며 자기들만의 자치지역에서 살고 있는 소수 민족도 여럿이다. 그래서 지역마다 산업 입지조건이 다르고, 문화적 배경이나 경제 활동 수준도 다르므로 소득분포가 고르게 되기가 어렵다. 중국이나 인도는 공식적으로 지역별 소득분포 통계를 발표하지 않고 있다.

　지역별 소득은 지역 간 주민의 이동이 자유스러울수록 고르게 분배되는 경향이 있다. 돈 벌기가 쉽고 먹을 것이 많은 곳으로 사람들이 이동하는 것은, 자연에서 먹이를 따라 동물들이 옮겨 사는 섭리나 마찬가지다. 그러나 문화적으로 언어가 다르고, 생활방식이 다르면 이동에 장애가 될 수밖에 없다. 옮겨가 봐야 새 정착지에서 잘 적응하여 살 수 없는 데다가, 문화적 이질성으로 인해 토착민에게 쉽게 받아들여지지 않는다.

　여기에다 대부분의 사회주의 국가에서처럼 제도적으로 거주 이전의 자유가 없고, 국내에서도 여행증이 필수적이라 하면 주민의 자연스러운 이동은 이루어질 수 없게 된다. 이런 것들이 지역 간 소득분포를 나쁘게 만드는 요인이 되고, 지역 간 불균형 때문에 국민의 자연적인 통합도 불가능하여진다. 우리나라는 세계 어느 나라보다도 지역 간 소득분포가 고르게 이루어져 있다. '호남 차별'이라는 말이 있으나 통계적으로 가장 못 사는 지역은 강원도다.

　직업 사이에서도 소득분배가 불균등하게 이루어지는 사례가 없지 않다. 같은 직업인데도 잘 버는 사람과 못 버는 사람이 고르지 않게 존재하느냐는 의문을 갖겠지만, 직업 사이의 소득분포 불균등도 심하다. 대표적인 예가 연예인이다. 연예인이라는 직업은 인기에 따라 소득이 결정되므로, 인기가 좋은 연예인은 높은 소득을 누리나, 인기 없는 연예인은 먹고살기도 힘들다. 이와 같은 현상은 운동선수 세계에서도 확인된다. 선수들의 수요에 따라 연봉 차이는 거의 천문학적이다. 무명선수와 이정후나 손흥민의 연봉 차이는 상상을 초월한다.

　비교적 안정적인 직업 가운데 소득분포가 극히 불균형한 분야는 치과의사와 의사다. 당연히 누가 잘 고치느냐에 따라 소득이 결정되기 때문이다. 정해진 월급밖에 받지 못하는 판사나 검사는 변호사와 대비해 소득분포가 균등하고, 일반 공무원이나 교수들도 소득분포는 대개 균등하게 이루어지는 편이다. 영국처럼 제도적으로 교수의 연봉 상한이 고정되는 경우는, 자유롭게 교수를 스카우트하는 미국에 비하여 소득분포가 더 균등하다.

나라 살림

조세 – 반대급부 없는 '국가의 도둑질'

　모든 경제 활동의 중심과 기본은 가계에 있다. 가계는 곧 모든 생산요소를 제공하여 주는 중요한 경제주체이다. 우선 모든 노동력이 가계에서 자영업자로, 기업으로, 또는 정부로 공급된다. 경제 활동에 있어 가장 중요한 생산요소가 가계로부터 공급되기 때문에 가계는 모든 경제 활동의 시발점이 된다. 가계에서 공급받은 노동력으로 기업은 가치를 창조하는 생산 활동을 시작할 수 있다.

　생산 활동에는 노동 외에도 자본이 필요하다. 자본의 근본적인 출처도 가계다. 주식으로 자본을 조달하거나, 또 차입으로 자본을 조달하더라도 궁극적인 자본의 소유는 가계로 귀속된다. 그러나 인류 역사에서 국가가 등장하면서, 가계만큼 정부의 역할이 중요해졌다.

원시 상태를 벗어나면서 누가 사람들의 생활에서 우두머리 노릇을 하느냐가 결정되었다. 원시 공산사회에서는 모든 사람이 유일한 생산수단이었던 토지와 임야를 집단으로 공유하면서 균등하게 의식주 생산에 참여하였다. 그러나 의식주의 생산, 곧 기초생활을 확보하는 데 소요되는 노동력이 생산성 증대에 따라 줄어들게 되자, 남아돌아가는 노동력이 재능에 따라 무당이 되고, 의사도 되었다. 이들 중에서 일부가 주로 머리를 쓰는 계층으로 바뀌면서 지배계급이 출현하였다. 처음에는 나이 들고 경험이 많은 사람들이 지배하다가 다음 단계에는 힘 있는 사람들이 군림하게 된다.

새로 등장한 지배층을 중심으로 원시 형태의 집단이 형성되고, 이 집단 또는 지배층이 관할하는 영역의 범위가 분명해지면 나라라는 개념이 등장하게 된다. 나라는 기초생활에 필요한 필수품을 직접 생산하지 않는 것이 통상적이기 때문에, 다들 사람들이 생산한 기초생필품을 거두어 살림을 꾸려나갈 수밖에 없게 된다. 지배자는 밭에서 일하지 않지만 먹어야 살고, 또 직물을 짜지 않지만 입어야 한다. 곧 나라를 꾸려나가는 통치 활동을 하려면 많은 자원이 필요하게 된다. 여기에 필요한 재정을 확보하는 가장 간단한 방법은 바로 땅을 차지하는 것이다.

나라 살림에 기초가 되는 '조세'租稅라는 용어의 원형을 보면, '租'(조)나 '稅'(세) 모두에 곡식의 나락을 표시하는 '禾'(화)가 들어 있다.

이는 곧 역사적으로 토지에서 생산되는 곡식으로써 조세를 거두었다는 사실을 의미한다. 국가의 영역 속에 속하지 않으나 전쟁과 같은 방법으로 지배와 피지배의 관계가 성립하게 되면, 지배를 받는 토지로부터 조공租貢을 받아들여 나라 살림의 기초를 확보하고, 나라가 소유하고 있는 땅에서 수입을 확보하면 그것이 바로 지대地貸 형태의 세금이 되었다.

현대적 의미로는 지대와 세금이 엄연히 구별되지만, 모든 땅이 영주의 소유였던 막비왕토莫非王土의 세계에서는 지대가 바로 세금이 될 수밖에 없었다. 중세의 해체와 더불어 영주나 국왕의 독점적인 토지 소유제도가 붕괴하면서 토지의 사유화가 진전되자, 조세는 토지 중심에서 소득 중심으로 바뀌게 된다. 그래도 가장 기본적인 세금은 토지에 기초하였다. 우선 토지 소유 면적을 파악하면 산출량과 소득의 추산이 편리하고, 또한 과세하기도 쉬웠다.

조세는 국가가 가지고 있는 권력에 의한 강제 징수라는 점에서 '반대급부 없이 훔쳐 가는 도둑질'이라는 이론도 여기에서 기원한다. 어떤 나라든 세금을 내지 않으면 국가의 강제력에 의해 처벌받는 것이 인류 역사에서 공통이다. 간접적으로는 조세의 반대급부로 국민은 나라로부터 일정한 혜택을 받는다. 외부의 적으로부터 땅을 지켜주고, 내부의 도적으로부터 생명과 재산을 보호하여 주는 일은 나라가 하는 근본적인 기능이다.

그러나 나라에 따라 국민을 지켜주는 일이 그렇게 효율적이지 않은 사례도 있는바, 이때 조세는 나라의 일방적인 도둑질임이 틀림없다. 그러한 나라일수록 조세를 내지 않으면 처벌이 잔인했다.

조공 – 국가와 국가 사이의 세금

나라의 수입은 일차적으로는 조세이나, 옛날에는 조공에 의존하는 사례도 많았다. 강대국은 약소국에게 갖은 명목으로 조공을 강요하였고, 조공을 바치는 약소국은 다시 자기 나라 국민들로부터 세금 형태로 이를 거두어들였다. 조공을 바치지 못하면, 약소국의 국민이 아니라 군주가 처벌을 받았다.

기원전 9세기 이스라엘 왕은 아시리아 왕에게 조공을 바치겠다는 내용을 돌에 새겨 약속하였다. 그것이 살마네세르Shalmaneser 3세의 '검은 석탑'Black Obelisk이다. 기원전 841년의 이 돌탑은 그러한 조공 약속의 문서였다. 그러나 당시의 국제정세나 이후 힘의 균형의 변화로 조공 납부의 약속이 지켜지지 않을 때도 많았다.

잔인하게 조공을 요구하던 아시리아의 시대가 지나가고, 이어서 바빌론이 아시리아를 지배하자, 야심만만한 바빌론의 느부갓네살 왕은 계속 이스라엘 왕에게 아시리아식의 조공을 강요했다. 조공을 순순히 바치던 이스라엘 왕이 이집트의 힘을 믿고 조공을 거부하자, 느부갓네살은 이스라엘 왕을 폐위하고 시드키야Zedekiah를 이스라엘의 새로운 왕으로 세웠다. 그러나 시드키야까지 조공 납부를 거부하자,

그는 예루살렘을 공격하여 점령하고, 시드키야 앞에서 그 아들들을 아시리아의 전통 처형 방식으로 죽이고, 시드키야의 두 눈을 뽑아버렸다. 눈을 뽑아내는 것은 옛날에는 흔한 형벌이었다.

조세와 직접 관계는 없으나, 고대와 중세사회에서의 전쟁은 늘 영토 확보, 조공 관계의 수립 등에 있었다. 동로마제국의 니케포로스Nicephoros 1세가 당시 적국이었던 불가리아와의 전쟁에서 전사하자, 불가리아 왕 칸 크룸Khan Krum은 니케포로스 1세의 머리를 잘라 피부를 제거하고 해골만을 다듬어 은과 금을 안팎에 붙인 다음 평생 그것을 술잔으로 썼다. 자신의 장수들과 술을 마실 때는 특별히 이 잔을 사용했다고 한다.

잔인하고 냉혹한 전쟁에서의 살육과 복수는 긴 세월에 걸쳐 계속되었다. 불가르 녹턴누스Bulgar Noctonus, 곧 '불가리아인 살육자'Bulgar Slayer는 전쟁에서 생포한 불가리아 병사 1만 5천 명 모두의 두 눈을 뽑아 장님을 만든 다음, 백 명 가운데 한 명만 눈을 하나 뽑아 겨우 보게 하고는 이 포로들을 불가리아로 돌려보냈다. 희미한 동공으로 겨우 서로 의지하여 돌아온, 한때 용맹했던 그의 군인들을 마주한 사무엘은 그 자리에서 졸도해 죽어버리고 말았다. 불가리아 병사들의 눈을 뽑아낸 것은, 비잔틴 황제 바실Basil 2세가 적국의 나라 살림이 어떻게 파멸될지 예측하여 자행한 짓이었다. 불가리아가 망하자 바실 2세는 그 영토를 비잔틴 제국에 흡수했다.

직접세와 간접세

조공이 국가와 국가 사이의 세금이라면, 국가가 자국민에게 부과하는 세금은 그 수납 체계가 조금 다를 수밖에 없다. 세금에는 크게 두 가지 징세 방법이 있다. 첫째는 직접세로, 세금의 부담자와 납부 의무자가 같은 사람인 경우가 여기에 해당한다. 나의 소득이나 재산에 세금이 부과되면 내가 그 세금을 부담하고, 또 내가 세금을 납부해야 할 의무를 갖는다. 대부분의 세금은 직접세에 해당한다. 둘째로는, 세금 부담은 내가 하지만 납부 의무는 나에게 있지 않고 다른 사람에게 있는 세금이 바로 간접세다. 거래되는 상품에 세금이 매겨지면, 그 상품을 사는 사람이 세금을 부담하나, 세금을 납부하는 사람은 그 상품을 만들거나 파는 사람이다.

직접세의 전형적인 예는 인두세人頭稅, Poll tax다. 인두세는 사람 머리 위에 매기는 세금으로, 소득이나 재산, 또는 경제 활동과 관계없이 개인에게 부과된다. 이슬람 나라에 살고 있는 이교도의 머리에 매겨지는 중세 때의 세금, 유대인에게만 일방적으로 매겨지던 세금이 인두세의 대표적인 사례다.

직접세는 여러 가지 형태로 부과되었다. 현대사회에서는 소득세·재산세가 대표적인 직접세이나, 역사적으로 시대와 지역에 따라 직접세는 다양하게 매겨졌다. 거주하는 집의 들창이나 굴뚝에 세금이 매겨지기도 했고, 부엌의 화덕에도 매겨졌다. 러시아에서는 코사크 족에게 말에도, 말안장에도, 그리고 안장의 발걸이에도 세금을 매겼다.

심지어는 수염에도 세금을 부과했는데, 수염을 기르지 않은 코사크 남자는 없었기 때문에 실상 모든 성인 남자에게 일괄하여 세금을 부과한 셈이다. 크롬웰Oliver Cromwell(1599~1658) 통치하의 영국에서는 일주일에 한 끼를 굶게 하고, 그 비용을 세금으로 내게 하는 '금식세'Fast Tax도 있었다.

간접세도 잔혹하기로는 마찬가지였다. 모든 거래에 세금을 매겨 이중삼중으로 거두어들였다. 프랑스의 루이 14세는, 포도 넝쿨을 심으면 거기에 세금을, 포도가 열리면 또 거기에 세금을, 포도를 따서 포도주를 담그면 세금을, 그리고 포도주를 통에 넣어 숙성시키면 세금을, 그리고 숙성된 포도주를 병에 담아 팔면 또 세금을 매겼다. 이렇게 매겨지는 세금은 최종 포도주의 소비자에게 부담이 되어 한때 서민들이 포도주를 외면하고 사과가 원료인 시드르Sidr를 택할 수밖에 없었다. 이 세금을 '가벨'Gabelle, 鹽稅이라고 불렀는데, 포도주 없는 세상을 살 수 없는 프랑스 사람에게는 가장 두려운 세금이었다.

관세Customs Duty는 상황에 따라 직접세도 되고 간접세도 된다. 해외에서 상품을 직접 구입하고 관세를 물면 직접세가 되나, 무역업자가 상품을 수입할 때 관세를 물고 이를 최종 소비자에게 전가하면 간접세가 된다. 관세는 국경 또는 항구에서 매겨지는데, 프랑스처럼 여러 나라와 국경을 맞대어 있는 나라는 밀수가 쉬워 관세를 꼼꼼하게 거둘 수가 없었다. 그래서 고안된 것이 소비자가 모여 사는 모든 도시의 관문에 '옥트루아'Octroi라는 통행세 받는 곳을 설치하여 그곳에서 관세를 대신 거두게 했다. 옛날에는 도시마다 출입문에 해당하는 성문이 있었기 때문에 그렇게 세금을 거두는 것이 편리하였다.

조세 저항은 국가 반란의 시원

세금이 너무 많으면 조세 저항이 일어난다. 세금이 너무 무거우면 시민 불복종 운동이 일어나 납세를 거부하게 된다. 그리고 여기에 공권력이 개입하게 되면 국가와 시민 간에 마찰이 빚어지면서 반란으로 이어지는 사례가 허다했다. 영국에서는 1381년 '왓 타일러 반란'Wat Tyler's Rebellion이 일어났고, 크롬웰 통치 시절의 내전들은 모두 항세抗稅 운동에서 시발했다. 프랑스 대혁명 또한 세금과 무관하지 않아 혁명이 발발하자 시민들이 일차로 파괴한 것이 바로 '옥트루아'였다. 미국 독립전쟁도 세금 부과에서 시작되었다고 할 수 있다. 1744년 '보스턴 차 폭동'Boston Tea Party은 영국이 식민지에서 소비되는 홍차에 과다한 세금을 부과한 것에서 시작되었다.

세금 징수 자체도 어려웠지만, 자칫하면 세금 징수가 반란으로 번져 나라의 존망이 좌우되는 사례도 없지 않았다. 시민의 입장으로 보면, 세금은 국가가 행하는 강도질과 다를 바 없었다. 세금은 강제로 부과되고, 제대로 납부하지 않으면 공권력을 동원해 납세자를 억압하기 때문이다. 그래서 세금을 거두는 방법도 다양하게 변화했다.

로마 시대는 세금을 정부가 직접 걷지 않고 '징수대리인'Publicani

을 두어 대행케 했다. 또는 징수대행인끼리 입찰을 시켜 얼마를 징수하면 얼마를 주겠다는 방식으로 '대리 징수'를 계약하는 사례도 있었고, 징수총액 중에서 '대리 징수' 수수료를 정하는 비율을 입찰에 부치기도 했다. 나라가 세무서를 설치하여 상근 공무원을 두는 것보다 '대리 징수'가 더 싸게 먹히기 때문이었다. 특히 징수 공무원이 부패하면서 입찰과 계약으로 일정액을 거두거나 수수료를 지불하는 게 더 경제적일 수도 있었다.

이렇게 조공이나 세금으로 거두어들인 돈은 나라 살림을 운영하는 데 쓰인다. 가장 돈이 많이 들어가는 것은 정부유지 비용이다. 공무원 월급, 외교를 관장하는 해외 공관 설치 등에도 지출이 필요하지만, 무엇보다 나라를 외적으로부터 지키고, 나라 안 치안을 확보하여 국민의 생명과 재산을 보존하는 게 중요했다. 이러한 활동을 제대로 하지 못하면, 세금 징수는 바로 '나라에 의한 강도질'에 지나지 않는다.

근대국가로 발전하면서 나라는 국민을 교육하고, 노약자들을 보호하는 역할까지 맡아야 했다. 곧 국가의 기능은 국방의 역할로부터 국민의 기본생활을 보장하는 데까지 발전하게 되었다. 바로 여기서 근대국가가 갖는 맹점이 있다. 정부 수립과 권력 확보는 선거를 통하여 다수의 의견으로 결정된다. 그런데 선거에서 표를 많이 획득하려면 백성들의 마음을 잡아야 한다. 곧 표를 많이 얻어야 하는데, 민도가 낮은 나라에서는 이를 위해 민주주의가 악용되기도 한다.

선거에서 다수의 표를 확보하기 위하여 정권이 비윤리적 방법으로 표를 사들인다. 인기 영합주의 정책으로 국민에게 막대한 돈을 퍼부어 표를 확보하는 것이다. 정부 재정을 지출하기 위해서는 세입이 있어야 하고, 세입이 있으려면 산업 활동이 왕성해야 한다. 그러나 정부가 각종 보조금 형태로 돈을 함부로 쓰고, 국민이 거기에 길들여져 일하여 벌어들이는 것보다 실업 수당을 받는 것이 더 낫다고 여기면, 산업 활동이 위축되어 세금이 거두어지지 않고 지출만 늘어날 수밖에 없다.

그러면 이러한 막대한 지출을 어떻게 보충해야 할까? 통화관리제도 아래서는 돈을 찍어서 보충하는 방법밖에 없다. 나쁜 정부일수록 돈을 거침없이 찍어 나라 살림에 쓰고, 우매한 국민일수록 돈이 늘면 그 가치가 떨어져 점점 돈의 구매력이 약화한다는 사실을 느끼지 못하게 된다. 천천히 더워지는 물속에서 개구리가 죽어가는 현상과 다를 것이 없다.

물가상승은 나라 멸망의 전조

나라가 망하는 데는 언제나 엄청난 물가상승이 뒤따랐다. 미국 남북전쟁 때의 남부연방 정부가 그러했고, 제1차 대전 이후 독일의 바이마르 정부가 비슷했다. 국공내전에서 패망하여 대만으로 쫓겨난 중국의 국민당 정부 또한 그러하였다.

최근에는 남미의 베네수엘라가 그러한 상태에 빠졌다. 우고 차베스

Hugo Chávez(1954~2013) 대통령은 재임 중 국민에게 인기를 얻기 위해 나랏돈을 퍼부었다. 후임자인 니콜라스 마두로 Nicolás Maduro(1962~) 대통령도 나랏돈을 함부로 써, 외환시장에서 1달러는 3천 200억 볼리바르로 평가되었다. 이를 감당할 수 없게 되자 베네수엘라는 볼리바르를 1백만분의 1로 절하하는 조치를 취했다. 이미 2008년에 1천분의 1, 그리고 2018년에 10만분의 1로 명목 절하한 후 또 그렇게 재평가하기에 이른 것이다. 이렇게 되면 돈이 아니다. 베네수엘라인들은 휴지만도 못한 자국 화폐로 지갑, 핸드백과 같은 기념품을 만들어 팔기까지 했다.

시몬 볼리바르 Simon Bolivar(1783~1830)가 보고타를 중심으로 남미 독립전쟁을 일으켜 세운 베네수엘라는 남아메리카에서 '낙원에 가장 가까운 나라'로까지 칭송되었으나, 세월이 지나 위정자들이 실패하면서 이제는 '지옥에 가장 가까운 나라'가 되었다. 아이스크림 한 개를 사 먹으려고 해도 차베스나 마두로가 그렇게도 싫어했던 미국 달러를 쓰지 않으면 안 될 수밖에 없게 되었다. 이들보다 범죄 조직의 두목들이 훨씬 더 자기 관할 지역을 잘 다스리고 있다고도 했다.

세금을 올리면 세수가 많아질 것이라는 믿음은 바보들이 갖는 환상에 불과하다. 세금에는 언제나 그 나라에 맞는 적정 세율이 있게 마련이다. 세율이 0%면 세금은 한 푼도 걷히지 않는다. 또한, 세율이 100%가 되어도 세금은 한 푼도 걷히지 않는다. 벌어서 모두 세금으로 빼앗기는데, 누가 돈을 벌겠는가?

라퍼Arthur Betz Laffer(1940~)는 미 재무당국이 1916년 소득세 추가 세율을 7%에서 1921년 77%로 인상하자, 두 해 세수 액이 똑같은 것을 통계적으로 발견하고 '라퍼 곡선'이라는 것을 찾았다. 그는 세수가 가장 많이 걷히는 적정 세율이 그 사이에 있는 것을 알아냈다. 세율이 높아지고, 국가가 세금을 증대하면 증대할수록 세금은 덜 걷히고, 백성들의 저항은 커져 '세금 폭동'까지 일어나 나라가 망할 수 있게 된다. 오늘날의 선진국은 자기 나라에 맞는 적정 세율을 찾는 데 노력하고 있다.

세금을 내지 않는 두 가지 방법이 있다. 세법을 잘 연구하여 세법이 갖는 구멍을 찾아 합법적으로 세금을 내지 않는 '피세'避稅, avoidance 또는 '절세'節稅가 있고, 아예 세금을 떼어먹는 '탈세'脫稅, tax evasion도 있다. 그러나 이 두 방법 사이에도 불분명한 회색지대가 있게 마련이다. 피세와 탈세 사이에서 세법을 어떻게 해석하는가에 따라 판단이 불분명한 상태도 있다.

어느 나라든 부자들은 탈세와 피세를 모두 활용한다. 케네디가 대통령이 되자 법무장관으로 임명된 동생 로버트 케네디는 '미국 공공의 적'이라는 부두하역노조 조합장 호퍼Jimmy Hoffa(1913~82)를 잡아넣으려고 모든 방법을 다 동원했으나 언제나 증거 불충분으로 불기소 처분되었다. 드디어 연방 소득세 탈세가 범죄 증거로 잡혔다. 호퍼가 쓴 돈에 비하여 납부한 세금이 너무나 적었다. 소득 없이 어떻게 그렇게 큰돈을 쓸 수 있느냐가 관건이 되었고, 호퍼는 결국 탈세로 구속되었다.

    그러나 미국 연방정부의 호퍼 구속은 그를 보호하여 준 셈이었다. 호퍼는 감옥에서 풀려나온 즉시 이 세상에서 사라지고 말았으니 말이다. 경쟁 관계에 있었던 다른 범죄 조직이 미국 정부를 대신하여 호퍼를 정리해 준 것이다. 세금을 내지 않으려고 스위스, 룩셈부르크, 싱가포르, 케이맨제도, 버진아일랜드, 버뮤다 같은 '조세피난처'Tax Haven로 자산과 그 거래를 아예 옮기는 방법도 있다.

맺는 말

이상의 글들은 학술적인 의미가 크지 않기 때문에, 격식을 갖춘 논리 전개나 그에 따르는 전문적인 문체를 따를 필요는 없을 것이다. 그렇다면 굳이 맺는말을 덧붙일 필요도 없겠지만, 글들을 끝까지 읽은 분들께 짧게나마 한 줄 남기는 것이 책의 형식을 갖추는 일이라 생각하여 몇 줄 덧붙인다.

이 책에 등장하는 경제학의 역사적인 명문들 또한 가능한 한 쉬운 표현으로 풀어 쓰고자 했다. 독자 여러분이 이 책을 통해 "경제학이 반드시 어려운 학문만은 아니구나" 하는 생각을 가지게 되었다면, 이 책을 쓴 보람은 충분하다고 자부한다.

경제학이 노벨상의 한 분야로 인정받으면서, 경제학은 과학의 일환으로서 물리학이나 화학처럼 점점 더 난해한 학문으로 발전해 가는 경향이 없지 않다. 이에 반해, 이러한 학문적 흐름과는 별개로, 누구나 쉽게 읽고 이해할 수 있는 훈련 또한 병행되어야 하지 않을까, 하는 생각이 든다.

'맺는말'로 이 책을 마무리하면서 노파의 마음이랄까, 오로지 저자의 그 생각이 독자 여러분께 제대로 전달되었는지 걱정된다. 독자 여러분의 너그러운 지도편달을 기다린다.

주석 및 용어 풀이

농자천하지대본農者天下之大本 [14쪽]
'농업은 천하의 사람들이 살아가는 큰 근본'이라는 뜻으로, 농업을 장려하는 구절로 쓰인다.

티피 teepee [15쪽]
북아메리카 원주민들이 유목생활을 하며 사용하던 원뿔형 구조의 텐트형 주거 시설을 일컫는다.

군혼제 group marriage, communal marriage [16쪽]
원시 사회에서의 집단적 혼인 형태의 하나. 두 명 이상의 남자들과 여자들이 집단으로 혼인 관계를 맺는 풍습을 일컫는다.

대우혼제 pairwise marriage [16쪽]
원시 시대 서로 다른 부족끼리 혼인 관계를 맺는 풍습으로, 각 부족의 형제 또는 자매를 한 명씩 서로 혼인하는 방식이다.

『유한계급론』 The Theory of the Leisure Class [19, 132쪽]
미국의 경제학자이자 사회학자인 소스타인 베블런의 저서이자 그가 주장한 이론. 야만 사회에서는 약탈의 능력이 분명히 드러나므로 쉽게 대중들의 존경을 불러일으키지만, 자본주의 사회에서는 그것이 감추어져 있어서 유한계급은 과시적 소비와 여가의 이용을 통해 그들의 약탈능력을 드러낸다. 따라서 유한계급은 가치 없고 값이 비싼 것일수록 과시적 소비의 품목으로 높이 치고, 반대의 경우일수록 천하고 품위 없는 것으로 여긴다. 또 자본주의 사회에서 약탈적인 유한계급은 노동자들의 희생을 기반으로 존재하는데, 노동자들이 이 사실에 눈뜨게 되면 그들은 혁명을 통해 자본주의를 쓰러뜨리려 한다.

피델 카스트로 [23, 162쪽]
쿠바의 혁명가이자 정치가. 중남미 공산주의 혁명의 상징으로 1959년부터 2011년까지 52년간 쿠바를 통치했다. 그는 세계 여러 지역, 특히 아프리카의 혁명을 촉진하는 데 기여했다. 대학 시절부터 마르크스주의 서적을 읽기 시작하여 1950년대 말 공산주의자가 되었다. 1953년 초 카스트로는 혁명세력을 조직, 바티스타 정부를 전복하고 쿠바군 총사령관에서 1959년 2월 총리가 되어 쿠바 정부를 이끌었다. 1976년 12월에는 쿠바 국민의회의 국가평의회 의장이 되었고, 이후 6대까지 의장을 연임했다. 고령으로 건강이 나빠지면서 2008년 동생인 라울 카스트로에게 국가평의회 의장직을 넘겨주었고, 2011년 공산당 제1서기직까지 넘겨주면서 공식 은퇴했다. 2016년 11월 25일 사망.

풀헨시오 바티스타 [23쪽]
농부의 아들로 1921년 군에 입대해 중사로서 쿠바군 노동조합의 위원장으로 선출되었다. 1933년 9월 소위 '중사들의 반란'을 일으켜 모랄레스 독재 정권을 붕괴시키고, 1940년 유색인종으로서는 최초로 쿠바의 대통령에 당선되었으나, 1944년 대선에서 패배해 쿠바를 떠나 미국 플로리다에서 쿠바에서 갈취한 막대한 돈으로 살았다. 바티스타는 1952년 3월 쿠데타를 일으켜 다시 정권을 장악했지만, 1958년 12월 30일 피델 카스트로의 쿠바 혁명으로 붕괴되었다. 1959년 가족들과 함께 도미니카 공화국으로 망명했고, 이후 포르투갈을 거쳐 1973년 스페인에서 사망했다.

막비왕토 [26, 122, 237쪽]
세상의 모든 땅이 임금(왕)의 땅이라는 의미. 『시경(詩經)』 「북산(北山)」의 '溥天之, 莫非王土(넓은 하늘 아래에 임금님 땅이 아닌 곳이 없고)'에서 나왔다.

후행後行 [29쪽]
신랑이 장가들기 위해 신부의 집으로 갈 때, 혹은 신부가 혼례를 마치고 시집으로 갈 때 신랑과 신부의 뒤를 따라 동행하는 일, 또는 사람.

막스 베버 [31쪽]
독일의 사회학자, 법학자, 철학자. 사회학에서 주관적 개념 도구인 '이념형'이라는 틀을 사용하면서도 그 이념형들의 인과관계를 설명할 때는 주관적 가치판단이 개입되지 않아야 한다는 가치 중립적 사회과학 방법론을 제시하여, 후대에 큰 영향을 끼쳤다. 또한, 기독교가 금욕과 노동을 사명으로 하는 프로테스탄트 윤리에 의해 탈주술화 되면서 근대 자본주의가 형성되었고, 현대인들은 이 자본주의라는 쇠우리에 갇히게 되었다는 『프로테스탄티즘의 윤리와 자본주의의 정신』으로 사회학계를 일깨웠다.

네드 러드 [41쪽]
영국 레스터셔(Leicestershire) 출신의 방직공으로, 기계화에 반대하며 자신이 일하던 공장의 기계를 부숴, 19세기 초 영국에서 노동자들의 열렬한 호응으로 일어난 '기계파괴운동'의 시발점이 되었다. 1811년 말경 노팅엄 근처에서 시작된 이 운동은 이듬해에 요크셔, 랭커셔, 더비셔, 레스터셔 등으로 퍼졌다. 저임금에 시달리던 영국의 직물 노동자들이 공장에 불을 지르고 기계를 파괴한 이 사건은, 네드 러드의 이름을 따 '러다이트운동'이라고도 부른다.

체화體化 [42쪽]
지식이나 기술, 가치 등을 머리로만 아는 것이 아니라 실제 몸으로 익히고 자연스럽게 실천하는 상태.

토마스 하디 [42쪽]
영국의 구두 수선공 출신 급진 정치 운동가. 소설가 토마스 하디(1840~1928)와는 동명이인.

퍼거스 오코너 [45쪽]
아일랜드 출신의 급진 정치가로 노동자 계층 중심 개혁 운동인 '차티즘(Chartism) 운동'의 대표적인 지도자.

의제적 [54쪽]
사실이 아니지만, 법이나 규칙상으로는 그런 것으로 '간주한다'는 의미.

구아나후아토 [56쪽]
멕시코 중부에 위치한 고원 지역.

에이레 [63쪽]
영어 아일랜드(Ireland)의 아일랜드어(Gaeilge) 명칭.

관치금융官治金融 [65쪽]
정부(관, 官)가 금융기관을 직접 지배하거나 강하게 개입하여 통제하는 금융 시스템.

남부여대 [66쪽]
직역하면 '남자는 짐을 등에 지고, 여자는 머리에 짐을 인다'라는 의미로, 가난한 사람들이 살 곳을 찾아 이리저리 떠돌아다닌다는 상황을 비유적으로 묘사한 사자성어.

고니시 유키나가 [76쪽]
일본 아즈치모모야마 시대의 무사이자 다이묘(영주). 임진왜란(1592~98) 당시 조선을 침략한 일본 장수.

리빙스턴 [77쪽]
영국의 탐험가, 의사, 기독교 선교사로, 아프리카 내륙 탐험과 노예제 반대 활동으로 유명한 인물.

스탠리 [77쪽]
영국계 미국인으로 탐험가·언론인. 실종 상태였던 리빙스턴을 찾아 〈뉴욕 헤럴드〉지 기자 자격으로 아프리카 탐험대 합류.

아관파천俄館播遷 [80쪽]
명성황후가 일본군과 친일 세력에게 시해당한 을미사변(1895)이 일어난 후, 고종이 신변에 위협을 느껴 친러 세력과 함께 1896년 러시아 공사관으로 피신한 사건.

홉슨 [80쪽]
제국주의 비판으로 잘 알려진 영국의 경제학자이자 사회사상가.

레닌 [80, 105~9, 114쪽]
러시아 공산당을 창설하여 혁명을 지도했고, 소련 최초의 국가원수가 되었다. 제3인터내셔널(코민테른)을 창설했으며, 마르크스 이후 가장 위대한 혁명사상가인 동시에 역사상 가장 뛰어난 혁명지도자로 인정받고 있다. 17세부터 『자본론』 등 공산주의 서적을 탐독, 1889년 1월 마르크스주의자가 되어 곧 사회민주노동당을 이끄는 주역이 되었다. 1917년 러시아혁명 이후 열린 러시아 소비에트 대회에서 의장으로 선출되었다. 1924년 1월 21일 저녁 고리키에서 뇌동맥경화증으로 사망.

학정虐政 [91쪽]
백성이나 국민을 괴롭히는 가혹하고 부당한 정치.

경자유전의 원칙 [103쪽]
경자유전(耕者有田)의 원칙은 농사를 짓는 사람만이 농지를 소유할 수 있다는 것으로, 소작을 금지하는 원칙이다. 많은 나라에서 토지 개혁의 일환으로 채택되었다. 농지법은 농지를 이용해 농업경영을 하거나 농업경영 할 예정인 사람만 농지를 소유할 수 있다고 규정하고 있다. 이 원칙은 농지의 소유자와 경작자를 일치시켜 농지의 생산성을 극대화하자는 이상을 실현하기 위한 것이다.

헷세-다름슈타트 [105쪽]
1567년부터 1945년까지 존재했던 독일 제국 및 바이마르 공화국 시대의 구성국가.

집산화 [114쪽]
상품이나 정보를 중앙에서 집결시켰다가 각 지역으로 분산하는 시스템.

부존자원 [138쪽]
경제적 목적에 이용할 수 있는 지각(地殼) 안의 지질학적 자원.

불요불급 [147쪽]
꼭 필요하지도 않고, 급하지도 않은 것을 의미.

국부 [179쪽]
국가가 보유한 모든 자산과 부의 총합. 국부를 집계할 때는 국내에 있는 외국인 자산을 넣지 않고 외국에 있는 내국인 및 국가의 자산은 포함한다. 넓은 뜻으로는 재생산이 불가능한 토지·천연자원 등과 무형자산도 포함한다. 보통은 자본의 개념 중 인적자본(人的資本)을 제외한 물적자본(物的資本)의 범주와 유사하여, 기계장비나 공장·시설 등의 직접생산자본과 항만·도로·철도 등의 사회간접자본으로 분류한다.

전미선 [198쪽]
비단잉어와 꽃 시리즈로 유명한 한국의 현대 서양화가.

무주공산 [207쪽]
주인이 없는 산 또는 빈땅이라는 뜻으로, 아무나 차지할 수 있는 자리나 상황을 의미.